・鄭駬謨教授指導 博士學位 論文 11・

法律學分野의 文獻分類法 研究

• 鄭駬謨敎授指導 博士學位 論文 11 •

法律學分野의 文獻分類法 研究

김 자 후 著

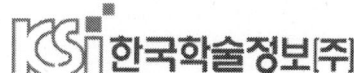 한국학술정보㈜

목　차

緒　論

　법률학은 기초법학(이론)분야와 실정법분야(국제법 및 국내법)로 대별할 수 있는데 이 가운데 국내법의 경우 대륙법, 영미법, 사회주의국가법 등 각 법계통 별로 그 체계가 크게 다를 뿐 아니라 같은 법계통에 속하는 국가들 간에도 그 체계가 조금씩 차이가 나는 주제분야이다.

　법률학분야의 문헌분류법은 거의 모든 일반분류법에 포함되어 있을 뿐 아니라 법률학분야의 전문적인 분류법도 상당수 존재하고 있다. 예를 들면 현대의 대표적인 일반분류법인 DDC(Dewey Decimal Classification)는 340의 網에서 전개되어 있고, LCC(Library of Congress Classification)는 K류에서 전개되어 있으며. 법률학분야의 대표적인 전문분류법으로는 영국의 Moys법률학문헌분류법을 들 수 있다.

　이들 세 가지 문헌분류법은 각각 많은 특징과 장점을 가지고 있으나 상대적으로 문제점도 상당히 많이 지니고 있다.

　DDC의 장점으로서 우선 아라비아숫자로 된 순수기호는 順數이 명백하기 때문에 자료의 배열이 편리하여 실제적이며 세계적인 통용성을 가진다. 둘째는 십진법을 사용하기 때문에 무안히 세분·전개할 수 있다. 셋째는 기호가 조기성을 가짐으로써 이용자로 하여금 분류기호를 기억하고 인식하는데 도움을 준다. 넷째는 대체로 정기적인 간격으로 학술과 문화의 발전을 반영하여 개정판을 발행함으로써 이 문헌분류법의 최신성을 보장한다. 그러나 DDC는 다음과 같은 단점을 가지고 있다. DDC는 19세기 말기에 창안 된 것으로 그 기본 골격이 현재까지 그대로 유지되고 있어서 현대적인 학문체계에 부합되지 않고. 특히 법률학분야의 문헌분류법에 있어서는 영미법계통 위주로 전개되어 있으므로 국제적인 보편성이 없으며, 문헌분류표 전개에 있어서 일정한 원리나 원칙이 결여된 부분이 상당히 있으므로 예외가 많아서 문헌분류의 정확성과 효용성이 저하된다.

LCC는 우선 문헌적 근거를 기초로 하고 있어서 실용적이며, 특히 대학 및 연구도서간의 요구에 적합하다. 둘째는 주로 열거식 문헌분류법으로서 기호합성은 필요한 경우에 한하기 때문에 번잡하지 않다. 셋째는 각 주제별 분류표는 주제전문가들에 의해서 개발되기 때문에 각 주제별 세분은 가장 체계적이라고 말할 수 있다, 그러나 LCC는 다음과 같은 단점을 가지고 있다. LCC는 20세기 초기에 창안 된 것으로 DDC와 마찬가지로 그 기본 골격이 현재까지 그대로 유지되고 있어서 현대적인 학문체계에 부합되지 않고, 특히 법률학분야의 문헌분류법에 있어서는 영미법개통 위주로 전개되어 있으므로 국재적인 보편성이 없으며, 문헌분류표 전개에 있어서 일정한 원리나 일관된 원칙이 없다. 따라서 助記性이 없으므로 문헌분류자나 이용자들로 하여금 분류기호를 기억하고 인식하는데 불면하다.

Moys법률분류법은 LCC의 대안으로 등장하여 오늘날까지도 영국 등에서 널리 통용되는 법률학분야의 대표적인 문헌분류법으로서 전개상황을 살펴보면 기초법학자 국제법을 제외한 국내법의 경우는 다른 대부분의 법률학 전문분류표들과 마찬가지로 거의 전적으로 영미법체계를 기반으로 하고 있어서 국제적인 통용성이 결여되어 있다.

이상에서 보는 바와 같이 현대의 법률학분야 문헌분류법들은 거의 모두 현대적인 학문분류체계에 부합되지 않을 뿐 아니라 대체로 영미법계통 위주로 전개되어 있어서 국제적인 보편성이 없기 때문에 합리성과 효용성 면에서 문제가 되고 있다.

이러한 관점에서 본 연구는 기초법학과 국제법은 물론이고 국내법에 있어서도 대륙법계통 영미법계통 그리고 사회주의국가법계통을

통합하는 법률학분야 문헌분류법(전문분류법)을 새로이 창안하고자
시도한 것이다.

　본 연구에서는 이러한 목적을 달성하기 위하여 제Ⅰ장에서는 법률
학분야의 이론과 체계 그리고 기초법학, 국제법, 국내법에 대하여 고
찰하고 그 가운데서도 특히 국내법에 대해서는 각 법계통을 대표하
는 문헌분류표들을 비교·분석하고자 한다. 그리고 제Ⅱ장에서는
DDC와 LCC의 법률학분야 문헌분류표와 Moys법률분류법을 분석·
평가한 다음, 마지막 제Ⅲ장에서는 제Ⅰ장과 Ⅱ장의 결과를 토대로
일관된 합리적인 원칙에 따라 현대의 학문체계에 부합되고, 국제적
인 보편성을 가지는 동시에 효용성 있는 법률학분야의 문헌분류법을
새로이 전개하고자 한다.

I. 법률학의 기본체계에 대한 고찰

A. 법률학의 일반적 이론

이 절에서는 법률학분야의 문헌분류법을 창안하기 위한 기본적인 근거를 도출하기 위하여 우선 법률학의 범위와 특성, 법계론. 현대 법률학의 기본체계 등에 대해서 고찰하고자 한다.

1. 법률학의 범위와 특성

법은 인류가 집단을 이루어 사회생활을 시작한 이래 인간과 함께한 것으로서 "사회있는 곳에 법이 있다(ubi societas ibi ius)" 라는 法諺이 있을 정도로 인간생활과 밀접한 관계를 맺고 있으며, 인간이 사회생활을 영위하는데 있어서 공동생활을 위하여 사회규범을 탄생시켰는데 이러한 사회규범에는 종교, 도덕. 법규범(강제규범) 등이 있다.[1] 법은 사회의 변천에 따라 변화하였으나 때로는 법이 사회의 변화·진보·발전을 촉진하기도 하여 상호 일정한 관계를 유지하여 왔다. 그 후 법은 종교와 도덕으로부터 분리되어[2] 국가라고 하는 정치적 권력에 의하여 승인되고 강제되는 사회규범으로서 분화·발전되어 왔다.

오늘날의 법학은 사실상 중세 교회법으로부터 파생된 것이기는 하

---

1) 이규하. 법학개론. 서울. 형설출판사. 1991. p. 33.
2) 서희원. 영미법강의. 서울. 형설출판사, 1985. p. 75.

지만 세계법학 그 중에서도. 특히 서양법학은 그리스 로마시대에 시
작되었으며 철학 등과 함께 2000년이 넘는 세월동안 독자적인 하나
의 학문분야로 성장해 왔다. 한면 동양에서는 왕도정치 또는 德治를
정치의 이상으로 삼아 왔기 때문에 법은 도덕에 의하여 교화되지 아
니한 사람들을 대상으로 하는 보조적 사회규범의 역할만 수행하게
되어 하나의 학문으로서 독자적인 발달을 하지 못하였다.3)

　일반적으로 법이라고 하면 인간의 사회생활에 직접 적용되는 실정
법을 의미하지만 법학은 '법을 대상으로 하여 그것에 관한 체계적
인식의 구성을 목적으로 하는 학문'4)으로서 법학의 임무는 법규범에
의하여 해결하여야 할 사회현상을 논리적으로 해명하는데 있다. 따
라서 법학은 법질서를 이론적으로 구명하는 학문의 한 영역으로서
이론법학(법철학, 법사학. 비교법학, 법사회학, 법정책학 등)과 실천
법학(법해석학)으로 대별되는데 이들 법학의 제 영역들을 기초법학
분야라고 말하기도 한다.

　그리고 일반적으로 「법체계」라고 할 때에는 기초법학분야를 제외
하고 단지 실정법(국제법 및 국내법)만을 대상으로 하게 되므로 본
연구에서도 앞으로 법체계라고 할 때에는 실정법을 대상으로 한 것
을 의미하게 된다. 본 연구의 목적이 문헌분류법을 창안하고자 한
것인 바 문헌 중에는 기초법학에 관한 것도 있고 실정법에 관한 것
도 있으므로 실정법체계와 기초법학분야를 망라한 통합세계를 합리
적으로 수립한 다음, 법률학분야의 문헌분류법을 창안하는데 있어서
이것을 주제전개의 기초자료로 삼고자 한다.

　또한 본 연구에서는 법(실정법)과 기초법학(이론적인 학문분야)을
통합한 개념으로서 「법률학」5)이라는 용어를 사용하.고자 하는데 국

---

3) 최종고. 한국의 서양법수용사. 서울, 박영사, 1982. p. 17.
4) 서울대학교 법학연구소. 법학통론. 서울. 서울대학교 출판부. 1994. p. 58.
5) 미국에서는 '법학' 또는 '법률학'이라는 의미의 용어는 사용되지 않고 다만
　'법률' 또는 '법지식'이라는 의미의 'Jurisprudence'만 존재하며, 또한 '대륙
　법'에 해당되는 용어로서 'Legal Sㅊㅏence'가 있는데 독일어로는 이것을

내법학계에서도 이러한 용어의 사용이 점차 일반화되어 가고 있는 추세이다.

2. 법계론

국내실정법체계를 대상으로 하게 될 때 오늘날 세계에는 수많은 법질서가 존재하는데 일정한 기준에 따라 이들 법질서 사이의 異同을 구별하고 계통을 같이하는 법질서끼리 한데 묶어서 동일계통에 속하는 법질서를 한 법계(Legal System) 또는 법가족(Family of Law)·법권(Rechtskreise)이라고 한다.

이미 서론에서 밝힌 바와 같이 법률학분야 중 기초법학과 국제법을 제외한 국내법분야는 법계통별로 체계가 다르므로 국제적 통용성을 가지는 분류표창안을 전제로 할 때 국제적으로 보편성을 규명하는 연구가 요구된다. 그러므로 우선 여기에서는 국내법을 기준으로 하는 법질서분류인 법계론에 대해서 살펴보고자 한다. 법계론에 대안 논의는 1900년을 전후하여 출발한 것으로서 오늘날세계에는 다비드의 법계론을 비롯하여 15가지 이상이 존재하는데 그 가운데서 대표적인 법계론 4가지를 살며 보면 다음과 같다.6)

① 다비드(R. David)의 법계론 - 로마·게르만법가족, 코먼로우법가족, 사회주의법가족, 철학적·종교적 제도의 법질서

② 에스맹(A, Esmein)의 법계론 - 라틴법계, 게르만법계, 앵글로·색슨법계, 슬라브법 계, 이슬람법계

③ 쯔바이게르트. 쾨츠(Zweigert - Kötz)의 법계론 - 라틴법권, 독일법권. 북구법권. 영미법권. 사회주의법권, 극동법권, 이슬람법권, 힌두법권

④ 이항녕 - 동방법계, 중방(이슬람·인도)법계. 서방법계

'Rechtswissenschaft'라고 한다.
6) 최종고, 한국법과 세계법. 서울. 교육과학사, 1991. pp. 11~23.

이상과 같이 여러 가지 관점에서 발표된 다양한 법계론이 있으나 이들의 공통적인 요소들을 집단화하면 대체로 대륙법계(독일·프랑스 중심), 영미법계(영국·미국중심). 사회주의국가법계, 종교적 이념 중심의 국가법계로 계통화시킬 수 있다. 이 가운데 종교적 이념중심 국가들의 경우 대체로 민법이, 그 중에서도 특히 가족법이나 신분법 등이 종교별로 다를 뿐이고 다른 대부분 영역의 법 내용과 세계는 대륙법계. 영미법계, 그리고 사회주의국가법계 중 어느 하나 아니면 이들의 절충형이 되므로 별도의 독립된 법계로 간주할 필요는 없다고 본다. 따라서 국내법을 기준으로 할 경우 대륙법계(독일·프랑스 중심), 영미법계(영국·미국 중심), 사회주의국가법계로 구분하는 것이 현대적인 법체계에 부합하고 합리적이라 판단하여 이러한 구분을 향 후 법률학 문헌분류법 고안의 기초자료로 삼고자 한다.

3. 현대 법률학의 기본체계

역사적으로 볼 때 근대법시대를 여는 결정적인 사건으로서는 프랑스대혁명을 들 수 있으며 이를 계기로 등장한 나폴레옹은 중세 암흑기의 법 특히 종교법을 전적으로 부정하면서 고대 로마법을 재 부흥시킨 다음 여기에 자연법사상을 가미한 이른바 나폴레옹법전(Code Napoleon)을 편찬하였다. 대표적인 근대법이라고 할 수 있는 나폴레옹법전은 나폴레옹헌법전(Code Constitution Napoleon)과 나폴레옹민법전(Code Civile Napolen)의 두 편으로 나뉘어 져 있는데 이것이 오늘날의 대표적인 법계통인 대륙법계통의 모태를 이루게 되었다. 한편 영미법은 로마법의 영향을 받기는 하였지만 대체로 고유의 관습법을 기본으로 하여 독자적인 법제를 반전시켜 왔는데 미국의 독립에 따라 제정된 헌법7)이 근대 영미법체계를 대표한다고 할 수 있

---

7) '헌법'라고는 하지만 모돈 법영역의 구체적인 사항을 전부 규정하고 있어서 법전의 성격을 지니고 있다.

다. 근대법체계의 가장 큰 특징으로는 公法세계가 구체화된 것을 들수 있는데 종래 전통적으로 私法중심이었던 법체계가 근대에와서는 사법과 공법체계로 이원화되었다. 오늘날 독일과 스위스는 이것을 그대로 계수하여 이분론적 법체계를 유지하고 있으며 독일과 스위스를 제외한 다른 나라들은 대부분 3분법체계 즉 실정법을 私法, 公法 그리고 社會法으로 대별하는 방식을 취하고 있다. 사회법은 노동법을 중심으로 발전한 것이 사회보장법과 경제법을 포함하여 사회·경제법의 개념으로 팽창하여 가고 있다.

이와 같이 현행의 법체계를 2분법체계. 3분법체계라고 말하는 것은 오늘날의 법률학분야에서는 통설화되어 있는 것으로 이러한 보편적인 법체계는 법학자들이 개인적으로 고안하여 제시한 것은 아니라고 본다. 한편 법학사적인 측면에서 볼 때 스토아법학파, 일반법학파, 주석법학파, 순수법학파, 신헤겔법학파 등 법률학에 관련된 여러 학파들이 존재한 것을 알 수 있는데 이들은 개개 학파별로 각기 다른 사상가 가치기준을 가지고 있었으며, 이 때문에 당시의 실정법에 대한 개념정의와 해석이 각 학파별로 다를 수밖에 없었다. 이렇게 볼 때 이들에게는 각 학파별로 각기 다른 법체계를 구체적으로 제시하는 것은 그렇게 중요한 관심거리가 아니었을 것이다.

그러나 현대의 법률학 문헌분류법을 전개하려면 법률학분야의 보편적인 기본체계가 먼저 밝혀져야 할 것이다. 이것은 법률학분야 문헌분류표의 주제항목들을 합리적으로 전개하는데 있어서 가장 중요한 준거가 되기 때문이다.

오늘날 국제사회에 있어서 통설화 되어 있는 대표적인 실정법체계인 2분법체계와 3분법체계를 도표화 하면 다음 <표 1>, <표 2>와 같다.

<표 1> 현대의 보편적인 실정법체계(2분법체계)[8]

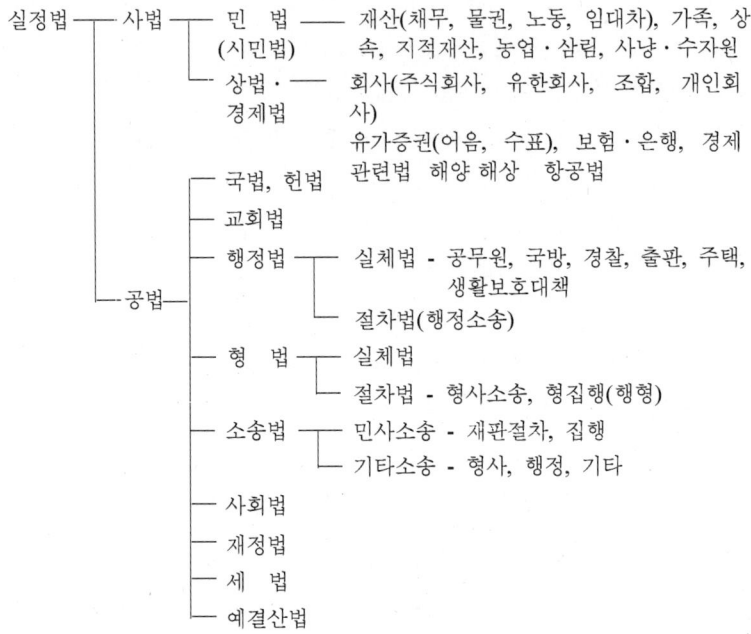

위 <표 1>에는 「사회법」이 공법의 세부항목으로 나와 있을 뿐 아니라 '3분법체계'에서의 「사회법」에 포함된 「경제법」은 사법의 큰항목(상법·경제법)으로서, 그리고 「노동법」은 「재산법」에 포함되어 있다. 그러나 법체계라고 하면 실정법만을 대상으로 하기 때문에 여기에서는 기초법학분야가 생략되어 있다.

---

8) Jüregen Baumann. *Einführung in die Rechtswissenschaft.* München, Verlag C·H·Beck. 1977. p. 20.

<표 2> 현대의 보편적인 실정법체계(3분법체계)9)

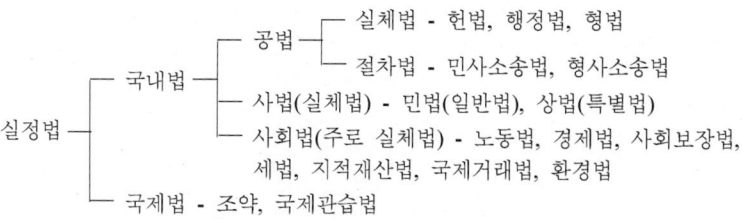

위 <표 2>에 전개된 법들 가운데서 헌법, 행정법, 형법. 민사소송법, 형사소송법, 민법, 상법 그리고 국제법(공법의 한분야로 취급)을 전통적인 「고전8법」이라고 하고 또한 노동법, 경제법 등 사회법의 7개 분야를 「현대7법」이라고 하여 흔히들 오늘날의 법체계는 이것들을 한데 묶어 「고전8법과 현대7법의 법체계」라고 말하기도 한다.

그러나 각 국의 법령집을 보면 대체로 위 <표 2>에 제시된 법체계와는 조금 다른 점을 발견할 수 있다. 즉 위 <표 2>에서 사회법에 포함되어 있는 「세법」과 「국제거래법」이 각각 「행정법」「국제법」에 속해 있으며 또한 위 <표 2>에는 제시되어 있지 않는 「경제·산업법」이라는 또 다른 법분야를 설정하고서 그 곳에 경제법, 지적재산법 등을 포함시키고 있다, 한편 국제법의 경우 위 <표 2>에서는 세부주제 영역별로 구분되어 있지 않고 단지 대표적인 法源만을 나타내 보이고 있어서 구분기준상 일관성이 없다. 또한 앞서 「고전8법」에는 국제법이 국내법과 동격으로 대별된 것이 아니라 공법의 한 분야로서만 설정되어 있어서 비논리적인 면이 없지 않다. 여기에서도 기초법학(법이론분야)이 생략되어 있음을 알 수 있는데 이에 대해서는 제Ⅰ장 B절 「기초법학」에서 구체적으로 논급하고자 한다.

이상에서 논급된 내용들을 토대로 하여 기초법학분야를 포함한 현대법률학의 기본체계를 제시하면 다음 <표 3>과 같다.

---

9) 강경학. **법학통론**. 서울, 법문사, 1996. p. 64.

<표 3> 법률학분야의 기본적 학문체계

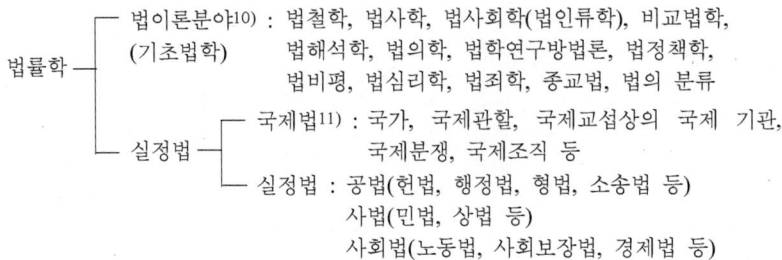

법이론분야10) : 법철학, 법사학, 법사회학(법인류학), 비교법학,
(기초법학)   법해석학, 법의학, 법학연구방법론, 법정책학,
              법비평, 법심리학, 법죄학, 종교법, 법의 분류

법률학

국제법11) : 국가, 국제관할, 국제교섭상의 국제 기관,
           국제분쟁, 국제조직 등
실정법
실정법 : 공법(헌법, 행정법, 형법, 소송법 등)
        사법(민법, 상법 등)
        사회법(노동법, 사회보장법, 경제법 등)

이 가운데 법이론분야(기초법학)와 국제법은 법계통별로나 각 국가별로 별다른 특징을 가지는 것이 아니기 때문에 이 분야의 법률학 문헌과 헌행분류표들을 분석·평가함으로써 국제적으로 통일된 준거를 마련할 수 있을 것이다. 그러나 국제법을 제외한 실정법분야(국내법)의 경우 전 항에서 살펴 본 바와 같이 법계통별로나 각국별로 상당한 차이가 있어서 국제적인 시각에서 보편타당한 문헌분류체계를 전개하자면 보다 많은 연구가 요구된다. 그리하여 이에 대해서는 제1장 D절에서 다시 구체적으로 분석하고자 한다.

---

10) 종교법. 법의 분류, 법의학을 제외한 기초법학의 제 영역에 관한 구체적인 내용은 다음 문헌을 참고하였다.
　「이규하. **법학개론**. 서울, 형설출판사. 1990. pp. 48~58」
　「서울대학교 법학연구소. **법학통론**. 서울, 서울대학교 출판부, 1994. pp. 56~60」
　「최종고 **법사와 법사상**. 서울. 박영사. 1983. p. 32.」
　종교법. 법의 분류는 일반적으로 문헌상에 제시되어 있는 기초법학의 제 영역에 해당되지 않음에도 불구하고 기초법학의 범주에 포함시킨 이유에 대해서는 각 각 본 논문 pp. 16-17, pp. 17~20에서 자세하게 논급하고 있다.
11) 박관숙. **국제법**. 서울, 법문사, 1985. pp. 62-446

B. 기초법학(법이론분야)에 대한 고찰

이 절에서는 법률학분야의 이론적 체계와 이들 각 분야에 대안 개념을 정립하기 위하여 먼저 법이론분야인 기초법학에 대하여 고찰하고자 한다.

기초법학은 실정법(국제법. 공법, 사회법 등) 마련을 위안 이론적 기반이 되는 학문영역으로 이것에 속하는 것으로서는 A절 3항의 <표 3>에서 논급된 바와 같이 법철학, 법사학, 법사회학(법인류학). 비교법학, 법해석학, 법의학, 법학연구방법론, 법정책학, 법비평. 법심리학, 범죄학 등이 있으며 그 외에도 종교법. 법의분류가 있다. 그러나 비단 법이론분야일지라도 형법에만 관련된 범죄학의 예와 같이 특정 주제법에만 관련된 기초법학의 경우 여기서는 논외로 하고자 한다.

1. 기초법학의 제 분야

a. 法哲學

법철학은 법의 본질과 이념을 구명하는 법률학의 기본적인 학문분야로서, 사회주의 국가들은 「국가법이론」이라고 하는데,12) 그 명칭에서 알 수 있듯이 법을 대상으로 하는 철학의 일부분이다.13)

법철학에는 법리학율 비롯하여하여 법의 본질, 법의 의무. 법의 정신. 세계법론, 법가치론, 범실증주의, 법과 종교. 법과 도덕법과 규범, 법과 국가. 법과 사회, 법과 정치, 법과 인간. 법과 정의 등 주로 법의 본질적인 면들을 연구하는 분야들이다.14)

---

12) 최종고. **북한법**. 서울. 박영사, 1993. p. 479.
13) 이기형. **법철학**. 서울, 숭실대학교 출판부. 1990. p. 13.

b. 法史學

법사학이란 한 국가 또는 민족의 법질서와 법사상이 어떻게 생성·발전·소멸되어 왔는가를 역사적·사실적으로 분석·파악함으로써 현재의 법질서와 법사상을 입체적·동적으로 이해하여 나아가서 미래적인 전망까지 가늠해 보는 기초법학의 밀수적인 분야이다.15) 법사학분야는 법학사(법학설사). 법사상사, 법제사 등으로 구분된다. 또한 분류표를 편찬할 경우에는 분야별(법률학영역전체), 시대별 및 지역별(국가별포함)로도 세분할 필요가 있다고 판단되는데 이것은 관련문헌이 존재할 수 있기 때문이다.

법학사는 법률학이라는 학문이 역사적으로 어떻게 생성·발전·변화해 왔는가를 검토 정리하는 것이며,16) 법사상사는 법사상적 테마와 인물을 중심으로 현실(역사)과 밀착하여 연구하는 법률학분야로서17) 사실상 법철학사의 광의의 해석으로 종교법사의 지원을 받기도 하기 때문에 이것을 협의의 법철학에 포함시키는 분류표도 더러 있으나 이는 합당치 않다고 본다. 동양에서는 도덕과 종교가 사회규범의 주류를 이루었고 법은 단지 그것들의 보조적 역할만을 수행해 왔기 때문에 동양의 法史 대부분을 한데 묶어 법사상사에 포함시키며 법사상사에는 이것 외에도 서양의 법사상사와 막스·레닌주의 법사상도 포함된다. 법제사는 법학적·역사학적·혹은 언어학적 방법을 합목적적으로 이용하여 法源을 역사적으로 해석하는 법률학영역이다.18) 이와 같이 법제사는 원시사회 이래로 중세까지 실제 적용하기 위하여 마련된 실정법들을 연구하는 학문분야로서 Moys법률분류

---

14) 서울대학교도서관에서 편찬한 「법률문헌색인」과 이기형의 「법철학」에 전개되어 있는 항목들이 비교적 합리적이라 판단되어 이를 채택한 것이다.
15) 최종고. 법사와 법사상. 서울. 박영사, 1983. p. 31.
16) 최종고. 법학사. 서울, 박영사. 1983. p. 14.
17) *Loc. cit.*
18) 최종고. *Op. cit.*, p. 41.

법에 비교적 상세하고 합리적으로 전개되어 있어서19) 문헌분류표
전개 시에는 이를 법제사 항목에 그대로 수용하고자 한다. 다만 여
기에서는 큰 항목들만 열거하고자 하며 세부적인 항목들이나 각 항
목에 대한 구체적인 논급은 하지 않기로 한다.

원시법, 古代近東法, Hellenistic법. 로마법, Byzantine법,
기타 고대유럽법(게르만법 등). 중세 및 나폴레옹 이전의 유럽법,
Roman-Dutch법, 동양법, 기타 고대법

c. 法社會學

법사회학(법인류학)이란 "법현상을 사회학적 방법에 의하여 역사적
인 사회현상의 하나로 파악하여 인접사회과학(종교, 도덕, 정치, 경제
등)내지 인접사회 형태(가족, 사회, 국가 등)와의 관련 속에서 그 성
립·변화·발전·소멸을 캐내려고 하는 경험과학"20)이다. 또 다른 관
점에서 법사회학을 정의한다면 "법사화학이란 평이하게 말한다면 법
의 존재방식이나 법의 실재적용방법을 사회 또는 사회적 제요인과 관
련시켜 이해하고 설명하려는 학문"21) 이라고도 할 수 있다.

법사회학은 19세기 이 전의 법해석학이 성문법 만능주의를 신봉
한 나머지 개념법학으로 전락인데 대한 반발로 성립하였기 때문에
현행 불문법의 해석을 과제로 삼는 자유법학과 밀접한 관계를 가지
기도 한다. 세부항목으로는 법과 여론, 법과 공공정책, 사회심리학
등이 있다.

---

19) Elizabeth M. Moys. *Moys Classification Scheme for Law Books*. 2nd ed.
    London. Butterworths. 1982. pp. 59~63.
20) 최대권, 법사회학. 서울. 서울대학교 출판부, 1983. p. 10.
21) 六本佳平. 法社會學入門. 東京. 有斐閣. 1991. p. 2.

d. 比較法學

비교법학은 2개 이상의 사회 국가의 법질서에 있어서의 제도 또는 기능을 비교·고찰하는 독립된, 과학으로서22) 주된 연구분야는 법계통별비교. 국제법, 그리고 국제법적 성격이 강한 국제사법, 노동법, 경제법 및 환경법분야들이다.

환언하면 비교법학은 법계통별, 국가별, 법분류별, 시대별, 주제별 등 비교대조가 가능한 모든 법분야 중에서 2개 또는 그 이상의 법들을 연구대상으로 삼아서 해석하는 기초법학이라 할 수 있기 때문에 「법의 분류」에 해당하는 항목들이라도 「자연법과 실정법의 비교」와 같이 상호 대비되는 2개의 법을 대조하는 내용의 문헌은 비교법학에 포함시키는 것이 타당하리라고 본다. 또한 비교·연구 뿐 아니라 2개 또는, 그 이상의 법계통이나 지역의 법들을 통합하는 것을 내용으로 하는 문헌들도 비교법학의 법주에 포함시키는 것이 옳다고 본다.23)

e. 法解釋學

法制史가 실정법의 법원(직접적 사료, 간접적 사료)을 역사적으로 해석하는 법률학분야인데 반하여 법해석학은 현행 실정법의 법원을 해석하여 그것의 적용여부를 가제로 삼는 법이론분야로서 그 해석대상이 성문법이면 개념법학이라 하고 불면법이면 자유법학이라고 한다. 현행 실정법의 실제 법조문을 제외한 대부분의 이론문헌은 사실상 법해석학에 속한다고 할 수 있으며. 이것은 해석방법에 따라 다음과 같이 구분된다.24)

---

22) 현승종. 비교법입문. 서울. 박영사, 1974. p. 15.
23) W. A. Steiner. "Some Problems of Classification in International and Comparative Law." *International Journal of Legal Information* vol. 10. no.6(December 1982) p. 325.
24) 법학사전편찬회. 신법률학사전. 서울, 법문출판사, 1992. pp. 15~19.

<표 4> 법해석학의 세구분

법해석학 ┬ 유권해석(공권적해석): 입법해석, 사법해석, 행정해석
　　　　├ 학리해석: 문리해석, 논리해석
　　　　└ 실정법해석: 성문법해석(개념법학), 불문법해석(자유법학)

f. 法醫學

앞서 논급된 기초법학분야들(범죄학제외)의 경우 법이론일반에 속한다는 사실에 이론을 재기할 여지가 없지만 법의학만은 어디에 포함시켜야 타당할는지를 신중히 고려해 보아야 하는 기초법학분야이다.

법의학은 법률상의 문제를 해결함에 있어 필요한 의학적 사항을 연구하는 학문으로서 재판의학 또는 감정의학이라고도 안다.25) 의사의 진료행위에 있어서의 과실 등 위법여부를 따지는 경우나 의료행위를 규정하는 의료법26) 과는 사뭇 달라서 전문직의사가 행위주체가 되어 의학적 전문지식을 수단으로 하여 법률적용을 목적으로 하고 있으며 법의학 교재를 보아도 법률학과 의학 양측 학문분야의 주된 교재로 사용된다고 하였다.

법의학은 형사 뿐 아니라 민사상의 절차법에도 적용되는 기초법학으로서 반드시 재판이 수반되는 특성이 있기 때문에 「도서분류법(중국)」에서와 같이 「재판법」,27) 하에서 「재판법일반」 항목에 배정하는 것이 타당하리라고 판단된다. 그리고 법률학 및 의학전문분류표에서는 양측 모두 법의학을 분류항목으로 설정해야 하겠으나 일반분류표라면 목적이 되는 법학부문(재판법)에 먼저 설정한 다음 필요할 경

이규하. **법학개론**. 서울. 형성출판사, 1991. p. 482.
25) 우상덕. **법의학**, 서울, 최신의학사. 1982. p. 1.
26) 사회법의 법주에 속하는 보건위생법의 한 분야이다.
27) 재판법은 일반적으로 절차법 또는 소송법이라 일컬어지는데 대체로 민사소송법, 형사송법으로 나누어 지며 이것들을 포함하여 법원의 조직·행정 등을 포함한다.

우 의학부문 쪽에서도 분류할 수 있도록 양자택일의 수단을 강구하
면 유용할 것이다.

g. 宗敎法

여기서 말하는 종교법이란 해당종교의 경전에 수록된 교리의 내용
과 각 종교단체(주체)들이 성직자나 신도들로 하여금 종교적 활동이
나 일상적인 생활을 하는데 지침이 될 수 있도록 제정한 규칙(규정)
을 일컫는다.28) 따라서 각 국가에서 제정한 종교 활동에 관한 실정
법인 종교법(공법)과는 그 의미가 다르다. 즉 국가에서 제정한 실정
법인 종교법은 국내실정법의 한 부문이며 여기서 논의되는 종교법은
법·도덕과 함께 사회규범의 중요한 요소로서 현행 실정법의 재산
법, 가족법, 신분법 등에 크게 영향을 미치는 법이다.

종교법은 일반적으로 법률학문헌에는 기초법학의 한 영역으로 나
와 있지 않으나 이론적 성격이 강할 뿐 아니라 현행 실정법이 아니
므로 편의상 기초법학에 포함시키게 되었다.

서양에서 편찬된 대부분의 문헌분류법들의 경우 교회법(Lex
Cannonici)만을 국내실정법 하에서 비중 있게 다루고 나머지 종교법
들은 「법제사」에 포함시키고 있다. 종교법은 법사학이나 법제사의
관점에서 취급될 수도 있겠지만 오늘날 현행 실정법에 실질적으로
많은 영향을 미치고 있기 때문에 법사학적으로만 취급되는 것은 바
람직스럽지 못하다. 특정 종교중심 국가들의 경우 종교법을 헌법의
개념으로 생각하여 실정법보다 우위에 두고 있어서 실정법의 내용에
결정적인 영향을 끼친다고 할 수 있다. 제Ⅱ장 C절에서 논급되는
Moys법률분류법에는 모든 종교법에 공통적으로 적용될 수 있는 세
부영역을 내부표로서 설정해 놓고 있는데 적절한 조치라고 판단되어

---

28) Sheila M. Doyle. "Religious Law." In: *Manual of Law Librarianship*.ed.
    by Elizabeth M. Moys. 1976. p. 362.

본 연구에서도 그대로 적용하고자 한다. 그 이유는 모든 종교에 이러한 세부영역들을 전부 열거하게 되면 분류표가 방대해 지는 원인이 되기 때문이다.

Moys법률분류법을 비롯하여하여 다른 대부분의 문헌분류법들은 종교법을 서구중심으로 전개하고 있어서 보편성이 없으므로 동·서양 어느 쪽으로도 편중되지 않게 고안 된 정필모교수의 종교류 전개표29) 를 채용하는 것이 바람직하다고 판단된다. 다만 여기에는 종교구분만 되어 있고 교파나 종파별로는 세분·전개되어 있지 않는데 완성된 법률학 문헌분류표라면 반드시 이러한 종파나 교파구분을 필요로 하며, 또한 法源(1차 법률정보원)을 세분할 수 있도록 종교별 또는 교파·종파별로 경전의 종류를 열거할 필요가 있다고 판단된다.

h. 법의 분류

「법의분류」는 앞 절에서 밝힌 바 있는 법계론이나 법체계와는 무관한 개념으로서 새로운 문헌분류법을 전개하는데 있어서 유용한 소재가 되는 사항이라고 판단되므로 오늘날의 법학계에서 일반화 되어 있는 사항을 토대로 하여 그 내용을 살펴보고자 한다.

동일개념의 법일지라도 분류원리에 따라서는 다른 법명이 될 수도 있다. 예를 들어 법의 효력범위를 기준으로 하면 국내법과 국제법으로 분류되지만 법의 존재형식을 분류원리로 삼으면 성문법과 불문법이 된다. 즉 국내법도 성문법자불문법으로 분류될 수 있고, 또한 성문법도 국내법과 국제법으로 분류될 수 있다. 본 연구에서 전개될 법률학 문헌분류표는 대체로 법률학의 주제에 따라 전개되므로 다음에 열거되는 여러 가지 관점의 법의 분류항목들을 전부 수용할 수 없다. 그러나 각 각의 법분류 항목에 해당하는 문헌은 얼마든지 존

---

29) 정필모. 국제백진분류법: 인문학분야편. 서울, 중앙대학교 대학원, 1995. pp. 394~400.

재할 수 있기 때문에 실제 기초법학분야에 속하는 항목은 아니지만 법률학분야에서는 통설화되어 있는 「법의 분류」 항목을 분류표내에 채택하고자 한다. 이 항목에 분류하고자 하는 문헌들은 그 내용이 「성문법이란 무엇인가」와 같이 다음에 열거된 '법의 분류' 항목에 속하는 해당법의 이론문헌만을 대상으로 삼고자 하였으며, 「성문법과 불문법의 비교연구」와 같이 2개 또는 그 이상의 법분류 항목을 비교·연구한 문헌은 비교법학 쪽에서, 그리고 「법의 분류」 항목에 열거되지 않는 세부항목들인 헌법, 행정법, 독일법 등은 해당 주제에서 분류하기로 한다. 이와 같이 「법의 분류」 항목은 성격상 이론과 관련된 항목이므로 편의상 기초법학영역에 포함시키고자 한 것이다.

이상에서 논급된 「법의 분류」에 있어서 법률학문헌30)에 나와 있는 것을 토대로 하여 그 세부항목들을 열거하면 다음과 같다.

① 대륙법, 영미법. 사회주의국가법, 종교적 이념중심국가법: 법계통 또는 법문화권을 기준으로 하여 구분한 것으로서 대륙법계는 독일·프랑스를 중심으로 하는 유럽대륙을 일컬으며 종교적 이념중심국가들이란 유태교, 이슬람교, 힌두교 등의 종교가 해당 국가의 법문화를 지배하고 있는 국가들을 지칭한다.

② 자연법과 실정법: 실정법은 성문법이든 불문법이든 실제 적용할 수 있는 구체적인 내용을 가지는 법으로서 오늘날 대부분의 법은 이것을 말한다. 자연법은 이러한 실정법의 도덕적 지도적 이념의 기준이 되는 형이상학적 개념의 법을 일컫는다.

③ 성문법과 불문법: 法源 또는 법의 淵源 즉 법이 어떤 형식으로 존재하느냐에 따른 분류로서 성문법이란 제정법이라고도 하며 일정한 절차와 제정기관에 의하여 입법되어 반드시 일정한 형식에 의하여 공포되어야 하는 법이다. 불문법이란 제정·공포 등의 절차를 밟지 않는 것으로서 관습법, 판례, 조리 등이 있다. 독일·프랑스 등의

---

30) 이규하. 법학개론 서울, 형성출판사, 1991. pp. 62~68.

대륙법계는 성문법주의를 채택하고 있다.

④ 국내법과 국제법: 국내법은 한 국가에 의해서 인정되어 그 국가의 통치권이 미치는 범위 안에서 만 효력을 가지는 법을 말하며 국제법은 국제사회에 있어서 주로 국가와 국가와의 권리 의무관계를 규율하는 법으로서 조약과 국제관습이 주요한 法源이 된다.

⑤ 공법과 사법: 국가생활을 규율하는 법을 공법이라 하고 사회생활을 다스리는 법을 사법이라고 한다. 공법에는 헌법, 행정법, 형법, 민사소송법, 형사소송법 등이 포함되며, 사법에는 민법, 상법 등이 있다. 그러나 오늘날에 와서는 공법과 사법의 중간형태 즉 공법과 사법의 성질을 함께 갖는 사회법을 따로 구분하는 추세에 있다.

⑥ 실체법과 절차법: 법의 규정내용을 기준으로 한 구분으로서 실체법은 권리·의무의 실체관계를 규정하는 법이며, 절차법은 실체법의 내용을 실현시키고자 하는 법으로서 각 종 소송법이 이에 해당된다.

⑦ 일반법과 특별법: 법의 효력범위를 기준으로 한 구분으로서 사람, 장소 사항에 관계없이 적용되는 원칙법을 일반법이라 하고 특정한 사람 장소, 사항에만 적용되는 것을 특별법이라고 하나 이 구별은 상대적이다. 따라서 민법은 상법에 대해 일반법이고, 그 반대로 상법은 민법에 대해 특별법이 되며, 보험업법은 상법에 대해 특별법이고, 상법은 보험업법에 대해 일반법 즉 보통법이 된다.

⑧ 고유법과 계수법: 법이 성립되는 소재를 구분기준으로 한 것으로 고유법은 그 나라 고유의 소재를 기초로 하여 제정된 법으로서 母法이라고도 하며, 계수법은 子法이라고도 한다. 독일법은 로마법을 계수하였으므로 이 때 로마법은 고유법이 되며, 독일법은 계수법이 된다.

⑨ 강행법과 임의법: 법규의 적용이 절대적이냐 아니면 상대적이냐를 기준으로 한 법구분으로 강행법은 당사자의 의사와는 관계없이 적용되는 법이며 임의법은 당사자가 다른 표시를 하지 않는 경우에만 적용되는 법을 말한다.

⑩ 행위법과 조직법: 인간의 행위자체를 규율하는 법을 행위법이라고 하고, 그 행위의 수단과 기반이 되는 조직과 제도를 규율하는 법을 조직법이라 한다.

⑪ 시민법과 사회법: 사회적 약자에 대한 조정적 역할을 통해 사회권(생존권)을 보장하고자 하는 법이 사회법(노동관계법, 사회보장법, 경제법)이며, 기타 다른 모든 법인 시민법에 우선하는 오늘날 점차 주목을 받고 있는 법이다.

⑫ 원칙법(기본법)과 예외법(부속법): 원칙법은 일정한 사항에 관하여 일반적으로 적용되는 법이고 예외법은 예외적인 사항에 대하여 원칙법을 배척하여 예외적으로 적용되는 법으로서 법조문 가운데 「단서」, 「다만」이라고 표현된 것은 거의 모두가 예외법이다.

i 기타 「법이론일반」에 포함되는 기초법학분야

기초법학분야로서 앞에서 논급된 것들과 함께 법이론일반에 포함되는 것들로서는 법학연구방법론(법인식론). 법정책학일반(입법학), 법비평,31) 법심리학일반 등이 있으며 범죄학(범죄심리학, 형사정책포함)은 형법이라는 특정주제법에 국한된 것이어서 비단 기초법학의 한 분야이기는 하지만 법이론일반에서는 제외시켰다. 그리고 현행 문헌분류표의 기초법학 항목 하에 흔히 나와 있는 「法源」 또는 「법형식」의 경우 이론문헌은 국제법일반 및 국내법일반에, 그리고 외적형식에 해당하는 항목들은 형식구분표(보조표)에 분산시켜 배정하는 것이 바람직할 것으로 판단된다.

2. 현행 문헌분류법상 기초법학부문의 전개내용

이 항에서는 앞으로의 법률학분야 문언분류법전개에 참고하기 위

---

31) 법비평은 주로 사회주의국가들이 자본주의국가법을 비평한 것이다.

하여 전 항에서 논급된 기초법학분야가 현행의 주요 문헌분류법에서 어떻게 전개되었는지 그 상황을 비교·분석해 보고자 한다. 우선 각각의 문헌분류법에 전개되어 있는 내용을 표형식으로 대비해 보면 다음 <표 5>와 같다. 다음표에 나타난 문헌분류표들은 국제적으로 널리 통용되는 것들을 비롯하여하여 우리들에게 비교적 생소한 사회주의국가의 것들도 포함되어 있는데 그 이유는 가급적 여러 가지 분류표를 다양하게 비교함으로써 각기 특성을 가진 분류표들의 전개항목을 망라하는 보편적인 결과를 도출해 내는데 기초자료가 되리라고 판단되기 때문이다.

<표 5> 현행 분류표상의 기초법학부문 전개표

문헌 분류표	전개내용(법이론: 기초법학)				
DDC	340.1	340.2	340.3	340.5	340.9
	법철학이론: 기원, 법원, 본질, 한계, 정의, 법과 도덕, 자연법, 법과 사회	비교법학	법개정	법체계: 관습법 법제사	섭외사법 (국제사법)
LCC	K1-195	K237-487	K540-5570		K7051-7690
	법사, 원시법, 법 전 문가 등을 포함하는 법의 일반형식구분	법철학: 법원, 법해석, 법분류, 법사회 법사회학, 법실 증주의, 자연법 법개념등 포함	비교법학, 세계법: 각 주제별 실정법을 구체적으로 세분·전개, 식민지법 포함(국제법은 정치학 쪽에 배정)		섭외사법 (국제사법)
KDC	360.1	360.11	360.13	360.18	360.19	360.9
	법률이론 (법철학포함)	법 학 방법론	법사회학	법심리학	법 학 사 법사상사	법제사(각국법 제시만 취급)
국 립 국 회 도 서 관 분류표 (일 본)	A121	123	A124	A125	A126	A131	141-147
	법률학: 법해석학, 법 원, 관습법 법전화,	법철학: 자연법 세계법	법률 사상사, 법률학사	법사회학	비교 법학	영미법	법제사 (관습법, 봉건법) 원시법, 고대법,

	입법학, 실정법 세계법 식민지법, 법학교육					로마법, 교회법 등
	X00107	특수 표준구분				
소련BBK 분류법	막스·레닌주의법 및 국가이론	법의 역사, 법제의 발전, 법규범, 법해석, 법의 기본원리, 법사료(법체계, 법제, 법의 일반이론, 입법원리 등)				
	6(1)		6(2)		6(3)	

도 서
분류법
(중국)
	막스·레닌주의의
	국가와 법이론:
	  본질,
	  역사적유형,
	  사회주의국가와 법
			부르조아지국가와 법,
			법률학과 비판
					국가와 법의 역사,
					법학설사:
					  노예제국가,
					  봉건제국가 등	

Moys	KA	KB100-250		KD	KE	
법 률 분류법	법철학 법사회학	비교법학		종교법	고대 및 중세법	

이상의 표를 바탕으로 내용을 분석해 보면 다음과 같다. 다만 DDC, LCC, Moys법률분류법에 대해서는 제Ⅱ장에서 구체적으로 논급하게 되므로 여기서는 생략하기로 한다.

① 잔국십진분류법(KDC: Korean Decimal Classification): 법률학은 십진 분류표에서 대세로 강목으로 설정되어 있는데 법제사를 법사학에서 분리시켜 하나의 독립된 分目으로 취급하여 법학의 맨 마지막에 배정하고 있다. 이것은 법제사의 경우 관련된 문헌의 양이 많은 것을 감안한 것으로 판단된다. 그리고 기초법학의 중요한 학문 영역인 비교법학과 법해석학이 어디에도 나와 있지 않아 불합리해 보인다. 한국·일본 등의 동양에서는 법사학에 무게를 두어 법사상사도 법제사와 동등한 계위로 독립시켜 놓은 것이 특징이다.

② 국립국회도서관분류표(일본): 한국에서 편찬된 문헌분류표들과 전개내용이 유사한 것으로 보아 우리나라 문헌분류표에 많은 영향을 끼친 것으로 생각된다. 그 대표적인 예로써 법제사를 비교적 상위항

목으로 맨 마지막에 설정한 것을 들 수 있다. 그리고 영미법을 기초법학에 포함시키고 있는데 이것은 자국을 대륙법국가로 간주한 국내용분류표이기 때문에 영미법, 구체적으로 보통법·형평법 등에 관한 이론문헌을 분류하기 위안 것으로 판단된다. 그리고 다른 대부분의 문헌분류표들에는 국제법 혹은 국내법 쪽에서 취급되고 있는 식민지법이 기초법학에 포함되어 있으나 실정법인 식민지법이 기초법학에 포함된 것은 옳지 않다고 본다.

③ 사회주의 국가법: 법철학을 「국가법이론」이라고 하여 주로 막스·레닌주의 법사상을 취급하고 있으며, 부르주아지 국가법을 별도의 항목으로 배정하여 비판의 대상으로 삼은 것이나 내부보조표를 마련해 놓은 것들을 특징이라고 할 수 있다.

C. 국제법에 대한 고찰

1. 국제법의 범위와 특성

세계에는 수많은 국가가 존립하고 있고, 이 많은 국가들은 상호의존적인 공동사회를 형성하고 있으며, 이러한 공동사회 즉, 국제사회에 있어서도 그 사회를 존립·유지케 하는 법이 필요함은 너무나 당연한 일이다. 그래서 오늘날에 와서는 국제사회에도 수많은 법규가 존재하게 되었으며, 이 법규의 전체가 즉 국제법인 것이다. 국제법이라는 표현이 국제사회에서 보편화되기 시작한 것은 베르사이유조약 이 후로써 이것이 근대국제법의 효시가 되는 것이다.[32] 종래의 통설에 의하면 국제법은 국가간의 법이라고 정의되고 있었다. 물론

---

32) 박관숙. 국제법. 서울. 법문사, 1995. p. 27.

아직까지는 국제법의 대부분이 국가를 대상으로 하고 있으며, 또 이 것이 국제법의 가장 중요한 부분을 차지하고 있는 것은 사실이지만 오늘날에 와서는 국제연맹·국제연합 등 국제단체 또는 조직에 관한 법도 많이 포함되었으며 그 뿐 아니라 개인에 대해서도 어느 정도 직접적인 규정을 하기에 이르렀다. 따라서 오늘날 국제법은 "국제사회의 법으로서 구체적으로는 국가와 국제조직 및 개인에 관하여 규정하고 있는 법"[33] 이라고 정의될 수 있다.

그리고 모든 영역에 걸쳐서 전 세계적으로 널리 적용될 수 있는 통일된 실정법, 그 중에서도 특히 성문법으로서의 국제법이 제정된 다면 가장 바람직할 것이다. 이것을 흔히 세계법 또는 국제통일법이라고 하며 아직까지 실현단계에 이른 것은 아니기 때문에 「세계법」 전반에 관한 이론문헌만이 존재할 따름인데 이러한 문헌은 기초법학의 법철학에서 분류한다.

2. 국제법의 法源

국제법의 성립형식 즉 국제법의 법원 가운데 대표적인 것으로는 국제조약과 국제관습의 두 가지를 들 수 있다.

조약은 문서에 의한 국가간의 합의라고 할 수 있으며, 그 내용이 국제법을 구성하게 되어 이른바 국제성문법 또는 국제조약법이라고 일컬어진다. 이러한 조약 중에서도 국제사회의 대다수 국가가 참여하고 그 내용이 입법적 성질을 가진 것으로서 동시에 모든 국가에게 개방되어 있는 조약만이 국제법의 淵源이 되는 것이다.

국제관습은 국가간의 묵시적인 합의에 의하여 일반적으로 승인된 국제관행이며 그 내용이 국제법을 구성하게 되면 이른바 국제불문법 또는 국제관습법이라고 일컬어진다. 19세기 중반 이 전까지는 국제

---

33) 황산덕. 신국제사법. 서울. 박영사, 1985. p. 29.

법 중 국제관습법이 조약보다도 더 많은 부분을 차지하고 있었으나 국제법에 관한 내용들이 조약화되어 감에 따라 점차 줄어들고 있다.34) 국제법의 법원에는 이 외에도 일반원칙과 판례가 있는데 판례에는 국제사법재판소의 판결을 비롯하여하여 인권재판소 등 전문영역별·지역별로 국제적인 권위가 인정되는 많은 법원판결이 존재한다.35)

그리고 국제사회에는 국제법 외에도 국제예양(國際禮讓)이라는 것이 있다. 이것은 국제사회에서 일반적으로 행하여지고 있는 예의·호의·편의에 관한 규칙으로서 그 내용은 국가대표자에 대안 경칭사용, 외국군함의 來訪에 대안 예포, 범죄인 인도 등이 있다. 국제예양은 그 자체가 국제법의 범주에 들어가지 않기 때문에 法源은 될 수 없으나 준수하지 않으면 불이익을 당하는 경우가 흔하므로 국제법의 범주에 포함시켜 취급하는 것이 합리적이라 판단된다.

3. 국제법과 抵觸法(Conflict of Law)과의 관계

그 동안 국제법은 주로 국가사이의 조약 또는 국제관습의 승인에 의하여 성립되는 법으로 인식되어 있어서 당사자가 주로 국가였었기 때문에 개인이 국제적으로 활동함에 따라 발생할 수 있는 민법, 상법, 형법, 소송법 등의 사적인 법률문제에 관하여는 국제적으로 제정된 법규가 그리 많지 않은 편이었다.

이와 같은 개인에 관련된 법률문제들은 당사자의 국적, 당사자의 주소 또는 거소, 행위지, 이행지, 사실발생지, 목적물의 소재지, 법정지 등의 요소는 동일하나 그 밖의 다른 요소에 있어서는 다른 나라와 관련을 가지는 법률관계이므로 어느 나라의 법을 적용할 것인가라는 문제가 발생한다. 저촉법이란 "내외사법의 적용범위를 결정하

---

34) Adrian Blunt. *Law Librarianship*. New York: K·G·Saur, 1980. p. 95.
35) *Ibid.*, p. 96.

는 원칙"36) 이라고 정의되는데 여기에는 國際私法(민법, 거래법), 국
제형법, 국제소송법 등이 있다. 이러한 저촉법에 관련된 내용들은 아
직까지 국제법화 되어 있는 경우가 별로 없고 다만 저촉법, 즉 기본
적인 원칙으로서만 존재하므로 개인의 국적 등을 따진 다음 자국의
국내법 또는 상대국가의 국내법 중에서 선택하여 적용하지 않으면
안 된다. 이와 같이 원칙만 존재하는 저촉법은 국제법·국내법도 아
닌 제3의 법, 즉 간접법 또는 학설법이라는 주장이 지배적인데 涉外
私法(민법, 거래법)이 그 대표적인 예이다.

저촉법에 관한 구체적인 내용들이 모든 법률영역에 걸쳐서 국제적
으로 통일된다면 이를 저촉법(간접법)이라고 하지 않고 국제법(직접
법)이라고 하게 될 것이며 그럴 경우 저촉법의 개념은 사라지게 될
것이다. 기존의 문헌이나 문헌분류표들은 주로 私法분야만을 저촉법
으로 간주하려는 경향이 있는데 저촉법 중에서 비교적 문제가 빈번
히 발생하는 분야가 私法분야이므로 저촉법의 주류를 이루고 있는
것은 사실이지만 형법·소송법 등도 저촉법에 의한 조정이 불가피하
므로 이러한 경향은 설득력이 없다고 본다. 그리고 저촉법의 주된 法
源이 되는 국내법성향의 법들인 國籍法, 在外法, 外人法(외국인법) 등
은 저촉법과 함께 또는 가까이 두는 것이 유용알 것으로 판단된다.

4. 국제법의 기본골격

오늘날 국제법의 주된 내용이 되고 있는 국가, 국제교섭, 국제분
쟁 및 국제조직 등에 관한 법들은 항상 국제법의 기본이 되는 법들
로서 국내법의 제 영역하고는 별개의 법영역들이다.

그러나 오늘날에 와서는 교통과 통신수단의 발달로 전 세계가 하
나의 공동생활권 즉 지구촌(Global Villege)이 되어 감에 따라 국내
법의 제 영역에 해당하는 국제법들이 점차 증가해 가는 추세에 있으

---

36) *Ibid.*, p. 32.

며,37) 각 나라의 문화와 전통을 근거로 하는 미풍양속, 관혼상제에
간한 법 등 극히 일부를 제외한 국내법의 제 영역의 법들은 결국에
는 모두 국제법과 할 것으로 예상된다. 따라서 국제법의 제 영역을
세분 전개할 경우 장차 새로 제정되는 국제법을 용이하게 삽입할 수
있도록 융통성을 부여한다는 의미에서 국내법의 제 영역에 상당하는
항목수를 확보해 놓는다든가 아니면 지시주를 통한 특수주제구분표
시를 하는 등의 조치가 필요하다고 보는데 본 연구에서는 후자를 따
르고자 한다.

　이상과 같은 관점에서 국제법에 속하는 기본항목을 국제법의 발생
또는 발전 순서에 따라 세계적으로 열거하면 다음 <표 6>과 같다.
다만 「국제법일반」은 총류에 속하는 선행류의 성격이 강하므로 기존
의 문헌분류표들이 취하고 있는 보편적인 기준을 적용하여 맨 앞에
배정하고 「전문영역별 국제법」과 「저촉법관련법」은 앞서 논급된 바
와 같이 국내법과 연관이 있으므로 국내법 가까이에 두고자 하여 뒤
에 배정하였다.

<표 6> 국제법의 기본골격40)

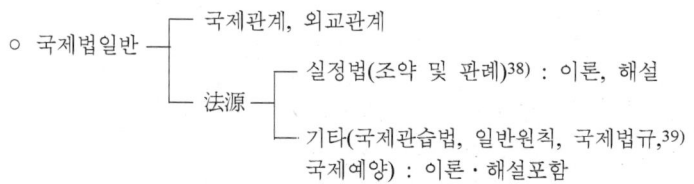

---

37) 국내법의 제 영역이 해당하는 국제법에는 海事·항공업·통상법, 지적소유
　　권법, 노동법, 환경법, 원자력법 등이 있다.
38) 조약의 명칭, 판례형식에 관한 것은 별도의 「법형식구분표」에 포함된다.
39) 임의의 특정국가가 체결 당사자가 아닌 입장에서 본 조약으로서 국제사회
　　에서 그 규범성이 일반적으로 승인된 것을 말한다.
40) 이 가운데 전통적인 국제법영역인 국가, 국제관할, 국제교섭상의 국가기관, 국
　　제분쟁, 국제조직 등은 박관숙의 「국제법, 서울, 법문사, 1995. pp. 62~446」에
　　나와 있는 내용의 골자이고 국제법일반, 전문영역별 국제법, 저초겁관련법은

○ 국가[41]-승인, 소멸, 종류, 권리, 의무, 책임

○ 국제관할-공간(국가영역, 공해 및 우주공간), 사람.

○ 국제교섭상의 국가기관-외교사절, 영사, 주둔군대

○ 국제분쟁――┌─ 평화적 해결
　　　　　　　└─ 강제적 해결(전쟁, 집단안전보장)

○ 국제조직――┌─ 지역별 국제기구(세계적인 것, 특정지역에 국한된 것)
　　　　　　　└─ 전문분야별 국제기구

○ 전문영역별 국제법-국내법의 제영역

○ 저촉법관련법――┌─ 저촉법(涉外私法, 準涉外私法,[42] 국제형법, 소송법 등)
　　　　　　　　　└─ 국내법(저촉법의 법원): 國籍法, 外人法, 在外法 등

5. 현행 문헌분류법상 국제법부문의 전개내용

한편 현행의 주요 문헌분류법 중에서 국제법분야의 전개상황을 비교하여 표 형식으로 나타내면 다음 <표 7>과 같다.

문헌분류표의 특성상 필요하다고 판단되어 설정해 놓은 항목들이다.
41) 일반분류표라면 양자택일을 할 수 있도록 「정치」하에도 설정할 필요가 있다.
42) 미국을 비롯하여한 연방국가에서 지방국가 간에 적용하는 저촉법을 의미하며 현재의 국제사법은 이것에서 발전된 것이다.

<표 7> 현행 문헌분류표에서의 국제법 전개내용

문헌분류표	전개내용(저촉법관련법 포함)								
DDC	341.026	341.1	341.2	341.3	341.4	341.5	341.6	341.7	340.9
	조약집, 판례집: 주제별 국별	국제법원	세계 공동체: 세계 정부, 국가 연합, UN, 지역조직. 국가의 종류, 특수 지역	국제관계: 외교법, 영사법, 조약 이론서	국제관할: 공간 (국가영역, 공해,) 사람(국적, 외국인, 이민)	국제분쟁	전쟁	국제협력: 상호 방위와 안전, 군비축소 평화와 비무장. 국제경제법, 사회문화법. 국제사법협력, 국제형법(국제경찰 포함)	국제사법
LCC	J1305-1599		J1621-1899		J1901-1999		J2001-3799	J4001-5395	J6001-6953
	국제관계 및 외교사: 조약집, 시대별 각국별 국제관계		외교사: 시대별·국별국제관계		국제분쟁 처리: 중재, 평화적 해결, 국별분류		조약이론과 역사: 시대별, 국별분류	국가종류(식민지포함), 국가관할 및 외국인, 망명, 본국소환, 국제분쟁강제처리(전쟁 등), 제정·통신·수송·항공등	국제사법, 저촉법: 민법, 상법, 이민, 국적법, 소송법, 형법

KDC	361.02	361.2	361.3	361.4	361.5	361.6	361.8
	조약집, 판례집	국가의 승인, 국가 관할, 치외법권	조약이론 일반, 조약국별구분, 국제예양	국제기관: 국제연맹 국제연합 전문기구	국제분쟁: 평화적 해결, 국제중재, 국제형법, 강제적 해결	전시국제법: 중립국, 교전, 점령, 종전 등	국제사법: 자연인, 국적, 재산, 국제상법

NDC	329.01	329.09	329.1	329.2	329.3	329.4	329.5	329.6	329.7	329.8	329.9
	기초이론, 법원등	조약집, 국제판례집	국제법의 주체: 국가	국제법의 객체: 사람, 국가관할치외법권	국제단체, 국제기관	국제조약	국제분쟁처리	전쟁법: 중립등	국제형법, 국제경찰	국제사법: 국제민법, 상법, 소송법	국적법, 외국인법, 외지법

중국 도서관 도서 분류표	D990	D992	D993	D994	D995	D997	D998
	국제법이론	국가	영토, 공해	평시국제법	전시국제법: 중립, 국제형법	국제사법: 국제민법, 국제상법, 국제민사소송법	국적법: 외인법, 이민법 등 포함

소련 BBK 분류법	x910	x911	x912	x913	x914	x915	x916	x917	x918	x919	x93
	국제법주체: 국가	주민문제	지역문제	대외관계의 국가기관	국제조약	국제기구, 국제회의	특수문제의 국제협력	국제분쟁	국제보증	전쟁	국제사법

Moys법률 분류법	KC140-208	KC210-284	KC340-1425	KC 2000
	국가·사람	국제형법, 국제경제법, 사회법, 해양·우주·원자력법, 수송법	국제조직, 국제관계, 전쟁외교, 조약이론문헌, 국제분쟁	국제사법

이상의 <표 7>을 바탕으로 내용을 분석해 보면 다음과 같다. 다만 Moys법률 분류법, LCC, DDC에 대해서는 제Ⅱ장에서 논급하게 되므로 여기서는 생략한다.

① KDC: 외교사절, 영사 등 교섭단체 전반에 관한 항목이 빠져 있고 다만 治外法權만이 국가 전반에 관한 항목 속에 포함되어 있으며. 전쟁에 관한 항목을 전시국제법이라고 하여 국제분쟁항목에서 독립시켰다. 저촉법 관련항목에는 재외법, 외인법이 빠져 있으며 전문분야별법 중에서 국제형법만을 취급하고 있으나 그나마 국제분쟁항목에 포함되어 있어서 불합리해 보인다.

② 일본십진분류법(NDC Nihon Decimal Classification): 국가, 국제조직등을 「국제법의 주체」라 하였고 국제교섭단체를 포함하는 사람, 국제관할 등을 「국제법의 객체」라 하였다. 그리고 저촉법 및 관련법들을 비교적 상세하게 전개하고 있어서 바람직스럽다고 생각되며, NDC를 비롯하여한 일본의 문헌분류표들은 KDC를 비롯한 한국의 문헌분류표들에 많은 영향을 끼친 것으로 판단된다.

③ 소련BBK분류표43): 구분 · 전개가 비교적 논리적이나 현실적으로 실용성이 결여 되어 있다고 판단되며. 「국제보증」 항목이 독립되어 있는 것이 특징이다.

④ 중국도서관 도서분류표: 구분 · 전개가 비교적 단순하나 저촉법은 상세하게 전개되어 있다. 다만 「국제형법」을 戰時國際法, 즉 전쟁항목에 배치한 것이 다른 문헌분류표와 다르다.

---

43) 「소련BBk분류법」의 러시아어약자 BBK를 풀어 쓰면 「БИБЛИОТЕЧНО-БИБЛИОР РАФИЧЕСКАЯ КЛ АСС ИФИКАНИЯ」가 된다.

D. 국내법에 대한 고찰

국내법(실정법)은 법계통별(법문화권별)로나 나아가 각국별로 그 세계가 다양하다. A절 2항에서 논급된 바와 같이 세계의 법계는 대륙법계, 영미법계, 사회주의국가법계로 대별되며 대부분의 국가들은 이 중 어느 한 계통에 속한다.

우리나라는 한 때 전통적으로 대륙법을 繼受한 일본의 통치 하에 있었기 때문에 대륙법계통에 속한다고 할 수 있으나 2차대전 이 후에는 미국법(영미법계통)의 영향을 받아 왔었다. 그러나 엄격하게 보면 대륙법계통에 속한다고 할 수 있을 것이다.

국내법에는 기초법학부문도 어느 정도 포함되지만 대부분이 실정법이므로 법률정보 이용자들은 자신에게 직접 관련이 있는 세부적인 단위 법률정보, 그것도 최신정보에만 주로, 관심을 가지게 되므로 현행 국내실정법만을 대상으로 한다면 문헌분류표와는 별도로 법형식(판례, 법령 등)별로 구분한 다음 법률용어를 키워드로 삼아서 그것을 수단으로 하여 작성된 색인을 기반으로 하는 데이터베이스를 구축하게 되면 아주 유명한 탐색 도구가 될 수 있을 것이다. 이와 같은 사실은 대표적인 판례정보 원문 데이터베이스인 WESTLAW에 관한 글을 통해서도 잘 알 수 있는데 WESTLAW의 검색효율성을 높이기 위한 방안의 일환으로 법률학 전문분류표인 「*American Digest Classification Scheme*」을 WESTLAW검색시스팀의 핵심으로 통합시키는」 것을 골자로 하는 연구논문44)이 발표된 것을 보아도 잘 알 수 있다. 그리고 법계통별, 각국별로 통합하는 과정에서 가능한 한 모든 항목을 전부 수용할 방침이다. 이는 본 연구에서 창안된 법률학 문헌분류법을 어느 국가에서 채용할지라도 해당 분류항목

---

44) John Doyle, "WESTLAW and the American Digest Classification Scheme." *Law Library Jorrnal* vol. 84. no.2(Spring 1992). pp. 229~258.

이 없어서 곤란을 겪는 경우가 없도록 하기 위함이다.

특히 각 국가들이 편찬한 현행 문헌분류표들은 대부분 일반분류표이므로 법률 각 항목(분류항목)만 대상으로 하여 고찰하는 경우 전체 법률학체계를 보지 못하는 일이 발생할 수도 있다. 그 이유로써 예를 들어 KDC의 경우 稅法을 「경제」 하의 제정에, UDC에서는 행정법을 「행정학」에 포함시키는 등 특정주제와 관련된 법들이 해당 주제에 분산·배정되는 경우가 흔하기 때문이다.

사회있는 곳에 법이 있다고 한 바와 같이 인간의 사회생활과 관련된 어느 것이나 법규를 기초로 하지 않는 것이 없기 때문에 모든 주제 분야에 걸쳐서 해당하는 법규가 존재한다고 할 수 있다. 전문분류표들은 이러한 모든 주제법들을 전부 수용하고 있는 반면에 일반분류표들의 경우는 상당수의 개개 주제별법들을 해당주제 하에서도 분류할 수 있도록, 즉 「양자택일」할 수 있도록 형식구분(보조표)내에 「법령」이라는 항목을 설정해 놓았기 때문에 법률자료가 각 주제 분야별로 분산되는 경우도 발생된다.

본 연구에서는 각 법계를 대표하는 몇 몇 국가들의 해당 문헌분류표와 법령집을 비롯하여 각 법계통별 법률학문헌들에 대한 내용을 분석한 다음 이를 토대로 하여 각 계통별 법체계를 합리적으로 전개하려고 한다. 이렇게 함으로써 본 연구의 마지막 장에서 각 계통별 법체계를 통합하여 국제적으로 통용될 수 있는 세분·전개표를 새로이 전개하는데 있어서의 근거자료로 삼고자 한다. 그와 같은 자료들을 제시하면 다음과 같다.

<표 8> 법계통별, 주요 관련국가별 참고자료

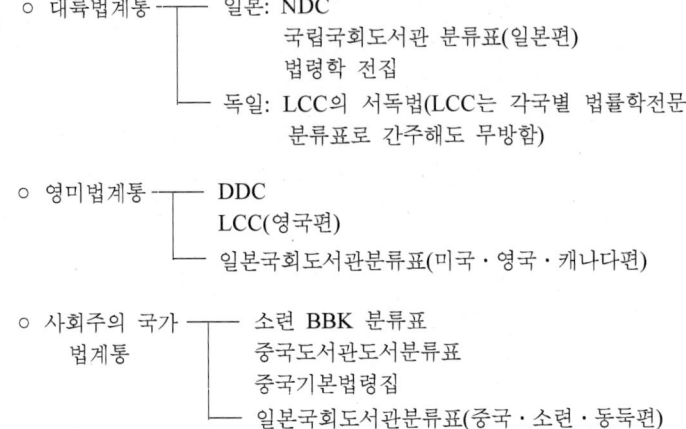

ㅇ 대륙법계통 ─┬─ 일본: NDC
　　　　　　　　　　　국립국회도서관 분류표(일본편)
　　　　　　　　　　　법령학 전집
　　　　　　　└─ 독일: LCC의 서독법(LCC는 각국별 법률학전문
　　　　　　　　　　　분류표로 간주해도 무방함)

ㅇ 영미법계통 ─┬─ DDC
　　　　　　　　　　LCC(영국편)
　　　　　　　└─ 일본국회도서관분류표(미국·영국·캐나다편)

ㅇ 사회주의 국가 ─┬─ 소련 BBK 분류표
　　　법계통　　　　중국도서관도서분류표
　　　　　　　　　　중국기본법령집
　　　　　　　　└─ 일본국회도서관분류표(중국·소련·동독편)

1. 국내법의 일반적 분류

국내법은 헌법분야를 비롯하여하여 실제 적용되는 실정법이 주류를 이루고 있지만 그 외에도 법의학, 형사정책, 범죄학, 법중거주의 등 기초법학에 속하는 법률학영역들도 어느 정도 포함되어 있으므로 유용한 문헌분류표가 되려면 이러한 이론부문들이 실정법부문의 해당 주제 하에 적절하게 포함되어야 할 것이다.

한편 국내실정법을 그 규율대상인 생활의 실체에 따라서 구분하면 공법(公法), 사법(私法) 및 사회법으로 나뉘어 지는데,45) 이것이 오늘날 통설화 되어 있는 3분법체계로서 본 연구에서는 앞으로 이것을 기본구분으로 삼고자 한다.

---

45) 손주찬. **법학총론**. 서울. 박영사, 1981, p. 66.

a. 공법

1) 헌법

 형식적 의미의 헌법이란 헌법전만을 지칭하지만 실질적 의미의 헌법은 국가의 조직과 작용에 관한 근본적인 규정을 정한 범규전체를 가리킨다. 이러한 경우에는 헌법전과 함께 국회법, 대통령선거법, 국회의원선거법, 정당법 등의 법률이 포함되어 「국가법」이라는 개념을 가진다. 한편 헌법을 연구하는 헌법학의 학문영역에는 헌법원리론, 기본권론, 통치구조론 등이 있다.

2) 행정법

 행정법은 행정권의 조직과 작용 및 행정구제에 관한 국내공법으로서 국가·공공단체 등의 행정주체의 조직과 행정주체 상호간의 관계, 행정주체와 개인간의 관계 및 행정작용에 대한 개인의 권리구제를 규정한 법이다.

 이러한 행정법은 크게 일반적 원리를 다루는 행정작용법, 행정구제법, 행정조직법 등과 각 개별 행정작용을 다루는 질서행정법, 급부행정법, 규제행정법, 공공부담법. 조사행정법 등으로 대별할 수 있다.

3) 형법

 형법은 범죄를 조건으로 하고 형벌과 보안처분을 그 효과로 하는 법질서 전체를 말한다. 이러한 형법은 범죄와 형벌의 일반이론을 다루는 총칙편과 개별범죄를 다루는 각각으로 나눌 수 있으며, 각칙의 범죄는 크게 국가적 법익에 관한 범죄, 사회적 법익에 관한 범죄, 개인의 법익에 관한 범죄로 나눌 수 있다.

4) 소송법

 소송법은 소송을 규율하는 법규를 가리키며 여기에는 민사소송법,

형사소송법, 행정소송법 등이 있다. 이들 각 소송 간에는 차이가 있는데 민사소송은 私人간의 분쟁을 해결하는 절차이므로 원칙적으로 당사자의 자율적인 소송수행에 의존하며 법원에서 직선으로 관여하는 경우가 적다.

이에 비해 형사소송법은 범죄를 인정하고 형벌을 과하기 위한 절차로서 실체적인 진실발견과 인권옹호사이의 조화를 보장하기 위하여 규정되고 있다.

한편 행정소송법에 관하여 살펴보면, 영미법에서는 행정소송이 민사소송절차에 따르는 관계상 따로 행정소송법이 없으나 대륙법계통의 국가에서는 행정소송을 따로 다루어 이를 행정법분야에서 연구하고 있다.

b. 사법

이 분야가 영미법과 대륙법 사이에서 가장 차이가 큰 법영역이다. 대륙법에서는 사법을 크게 민법가 상법으로 구분하지만 영미법에서는 민법과 상법의 두 분야로 나누는 것이 아니라 보다 세분하여 계약법, 가족법, 재산법, 불법행위법, 상법 및 상기업법 등으로 구분하고 있다. 대부분의 로마법계통 국가에서 민법(Civil Law)으로 알려진 것은 계약법, 가족법, 재산법, 그리고 불법행위법 등으로 세분된다. 유통증권법, 매매법, 그리고 담보부거래법 등은 오늘날 상법이라 불리는 통일체의 일부로 인식되고 있다. 또 대리, 회사, 조합에 관한 것은 상기업에 분류된다.

민법과 상법은 비단 취급하는 내용은 같더라도 그 행위주체가 다르다. 즉 민법은 개인 대 개인간의 계약·소유 등의 문제를 포함한 총칙적인 성격이 강하나 상법은 기업(특히 회사·법인) 대 기업, 기업 대 개인간의 계약 등을 취급하는 특별법이다.

사법은 私人간의 평등한 법률관계를 다루는 법으로서 영미법과 대

류법 사이에 그 세부적인 분류가 다르고 또 대응하는 법 사이에는
내용에 있어서 다소간의 차이가 있기는 하나 도서관에서의 법의 분
류는 기술적인 문제이므로 양쪽 체계를 총괄하는 분류방법은 가능하
리라 생각된다.

c. 사회법(사회 · 경제법)

사회법은 사법의 원칙적 존재와 그 고유의 영역을 인정하면서 경
제적인 약자를 보호하는 입장에서 공법적인 규제를 가하여 私人간의
실질적 평등을 실현하려는 법이다. 여기에 속하는 것으로는 노동법,
경제법. 사회보장법, 사회복지법 등을 들 수 있다. 특히 경제법은 각
경제주체 상호간의 사적인 이익을 조정하는 민법 · 상법과는 달리 국
민전체의 이익을 조정하기 위하여 기업에 관한 사경제 생활관계를
규제하는 법령을 말한다.46)

그러나 인간의 사회생활과 관련하여 법적장치가 마련되어 있지 않
은 것이 없을 것이다. 따라서 사법(민법, 상법), 헌법, 형법, 소송법
은 그 적용범위와 방법이 명확하게 구분되지만 행정작용법, 사회법
등은 포괄적으로 경제, 사회, 문화 전반에 걸친 모든 작용법들47)의
한 범주에 지나지 않는다고 할 수 있다.

2. 대륙법계통

대륙법계는 로마법과 게르만법을 계수하여 형성된 성문법을 근간
으로 하는 법체계로서 독일법이 게르만적 요소가 강한데 반하여 프
랑스법은 로마법적 요소가 강한 것이 특징이다. 이 법계에 속하는

---

46) 서정갑. 상법: 총칙 · 상행위, 서울. 인신사, 1988. p. 32.
47) 이와 같이 포괄적으로 적용되는 법에는 교통 통신, 교육, 문화, 경제 · 산업
    법 등 모든 분야가 망라되는데 「잡공법」이라고도 한다.

국가들은 독일·프랑스를 비롯하여하여 대부분의 유럽대륙국가들, 라틴제국, 그리고 중국·일본·한국 등 동아시아 국가들이다. 그러나 대륙법계도 독일, 오스트리아, 스위스. 그리스, 일본, 브리질 등 독일을 중심으로 하는 소법계, 프랑스, 이태리, 베네룩스 3국, 스페인, 라틴제국, 폴란드. 이집트 등 프랑스를 중심으로 하는 소법계. 그리고 영미법계의 영향을 비교적 많이 받은 스칸디나비아 소법계로 나뉘어지지만 이들 간에도 어느 정도는 차이점이 있다. 일반적으로 각 법계를 구분하는 가장 중요한 요소는 私法이며. 그 중에서도 특히 민법은 각 법계별로 법률의 체계, 용어. 개념이 서로 달라서 대륙법계에 속하는 나라들 간에도 동산물권법과 채권법분아(계약법, 불법행위법, 부당이득법)와 같이 거의 동일한 법분야가 있는가 하면 상속법, 가족법·친족법과 같이 가장 유사성이 희박한 법분야들도 있다. 그렇기는 하지만 대륙법계통국가들의 법은 다음과 같은 뚜렷한 공통점을 가진다. 즉 전통적인 관습법을 존중해 왔고 Iustinianus의 로마법대전을 계수하였으며 자연법사상을 근간으로 하고 있다는 점이다.[48]

대륙법계와 영미법계의 가장 큰 차이점으로서는 첫째, 대륙법은 성문법중심인 반면에 영미법은 주로 불문법을 근간으로 하는 점이고 둘째, 대륙법은 나라에 따라서 정도의 차이는 있어도 대체로 로마법의 영향을 강하게 받고 있는 반면에 영미법국가들은 그리하지 않다는 점이다.[49] 또 다른 구분요소로서 대륙법은 공·사법이 뚜렷하게 구분되어 있는 반면에 영미법은 혼합되어 있다는 점과 대륙법은 연역적인 방법으로 논리전개를 하는 반면에 영미법은 귀납적인 방법으로 논리전개를 한다는 점이다. 대륙법의 또 다른 특징으로는 상법이 민법으로부터 분리·독립되어 있는 것을 들 수 있는데 영미법의 경

---

48) 프레드릭 헨리 로슨 저, 양창수. 전원열 공역. 대륙법입문. 서울. 박영사. 1994. p. 19.
49) 곽윤직. 대륙법. 서울, 박영사, 1962. p. 17.

우 민법이라는 개념이 존재하지 않 단지 私法이라는 개념 아래 전부 포함어 있어서 대륙법과는 대조를 이루고 있다. 한 대륙법에 있어서 私法의 경우 독일을 중심으로 하는 독일식은 물권, 채권, 친족, 상속으로 대별되어 있는 반면에 프랑스를 중심으로 하는 로마식은 人法, 물법, 소송법으로 대별되는데 이것이 독일 소법계와 프랑스 소법계를 구분하는 가장 중요한 요소가 된다. 우리나라나 일본을 독일 소법계에 포함시키는 이유도 이것에 기인한다고 할 수 있다.

　다음은 대표적인 대륙법계국가인 독일에 있어서 법률학의 변천(분화·발전) 과정을 요약·정리한 것으로서 대륙법의 기본체계를 확립하는데 기초자료가 될 것으로 판단된다.50)

　　로마법·캐논법(중세교회법): 사법중심이었음 → 형법·형사소송법 독립 → 공법독립 → 민사소송법, 자연법(국제법 포함) → 독일 고유민법, 법제사 등장 → 수표법, 해양법, 상속법, 저당법, 후견법, 상법 등이 새로 등장하거나 특정 법분야에서 독립 → 국제법이 자연법에서 독립 → 프랑스법(나폴레옹법전의 계수) → 자연법 점차 퇴조 → 헌법(정치학·경제학과 함께 강의) → 법철학(자연법이 법철학으로 개념이 수정됨과 동시에 용어도 달라짐) → 행정법등장 → 제정업. 경찰법 등장 → 혼인법(교회법에서 유래) → 저작권법, 보험법, 파산법, 강제집행법, 국제사법 등장 → 사회보장법(재해, 질병, 노동자 보호법) 등장 → 행정법 강화·발전(반대로 경찰학이 법률학에서 독립) → 행정학이 법률학의 한 분야로 탄생, 동시에 경제학, 재정학이 법률학으로부터 독립 → 경제법 등장

　또한 대륙법의 실제 국내법체계를 알아보기 위하여 대표적인 대륙법계 국가인 독일의 민법전과 상법전의 내용을 살펴보고자 한다. 민법과 상법만을 대상으로 삼은 것은 다른 법체계, 특히 영미법체계와의 차이점이 있는 것은 대체로 민법과 상법분야이기 때문이다.

---

50) 최종고. 법사와 법사상. 서울, 박영사. 1983. pp. 235~276.

<표 9 > 독일의 민·상법체계[51]

◎ 민법 - 총칙: 자연인, 법인, 物件, 법률행위와 의사표시, 기간과 기일, 소멸시효.
　　　　　원리의 행사와 보호
　　　　　물권법: 점유권, 채무, 급부, 급부방해. 채무관계의 소멸, 당사자의 범위확대,
　　　　　개개의 채무관계
　　　　　친족·상속법 혼인. 친족, 후견. 양도. 상속
◎ 상법 - 상인, 회사, 상거래, 어음·수표, 보험, 해상법

위 <표 9>에 전개된 독일의 민사법분야 가운데 1950년 이후 현저하게 발전된 법으로는 교통법, 은행법, 경제법. 세법, 농업법, EC 관련법 등이 있다.[52]

대표적인 대륙법계 국가인 독일과 프랑스의 법체계 및 그것의 세분·전개내용을 살펴보기 위하여 LCC의 독일법부분과 프랑스부분을 상호 대조해 본 결과 거의 차이점을 발견하지 못하였다. 또한 중국은 오늘날 러시아와 더불어 대표적인 사회주의국가이므로 동양권의 대표적인 대륙법계 국가로는 일본이라고 간주하여도 별 문제가 없기 때문에 여기에서는 일본과 독일의 법체계를 분석대상으로 하여 다음과 같이 LCC의 독일법부분, 일본의 문헌분류표(NDC, 국회도서관분류표) 및 법률학전집(일본)의 전개항목들을 비교·분석하고자 한다. 이들 문헌분류법의 법률학부문의 전개상황을 표형식으로 대비하면 다음 <표 10>과 같다.

---

51) Huvert Blank 등저. 김용한, 이순철 공역, 독일법의 개관. 서울, 대왕사, 1986. pp. 46~103.
52) 황적인, 이은영 공저. 독일법. 서울, 박영사, 1987. p. 366.

<표 10> 대륙법체계와 관련된 주요자료의 항목대비표

NDC		국립국회도서관 분류표(일본)		법률학전집(일본)	LCC(구서독)	
323	헌법	211	헌법	헌법	KK	헌법
.01	헌법학,	213	일본국헌법:	국회법	4436	개인의 권리·
	국법학	-271	천황, 입법,	선거법	-5513	의무, 통치구조,
			사법, 행정,			정당, 연방주의,
.14	일본국 헌법		국민의 권리와			헌법재판소등
	천황, 입법,		의무, 황실,			
	사법, 행정		선거, 정당,			
	국민의					
	권리와 의무		재정, 지방			
	지방자치					
.15	황실법					
.9	행정법	331	행정법	행정법	5569	행정법: 행정
.92	행정조직법	315	행정구제:	행정조직	-5929	절차, 행정보상행
.93	공무원	-318	행정소송등	공무원		정법원 및 소송)
.94	공물, 영조물	319	공용징수·	지방자치		법, 행정조직
.95	행정작용일반		공용부담	행정쟁송·		(연방, 지방 등)
.96	행정구제:	331	행정조직	국가보상	6068	공공재산: 정부
	행정소송 등	315		재정·조세	-6168	재산, 도로, 수자
.97	공용징수,	-318	국가공무원	경찰·방위		원, 천연자원,
	공용부담	319	재정 화폐, 조세	공물영조물		토지이용
		331				
		-333				
		341				
		361				

NDC		국립국회도서관 분류표(일본)		법률학전집(일본)	LCC(구서독)	
		-378	관세, 전매, 국채 지방채, 외채, 지방재정일반	· 공기업 공용부담	7054 -7512	재정; 예산, 정부지출, 정부부채, 화폐,
		351	경찰, 소방·방제			수입 (조세 · 관 세)
		-357	위험물취급, 국내치안유지			지방재정, 조세 범죄, 조세·관 세
		381	공기업			및 법원·소송법
		391	지방자치			
324	민법	811	민 법	민사법	1011	민법
.1	민법총칙:	812	민법총칙	물권법	-2026	총론
	자연인·법인 등	821	물권(담보포함)	담보물권법		(자연인·법인)
.2	물권법, 재산법	-826		채권법		가족법,
.3	담보물권법	831	채권(계약,	(계약법,		재산법,
.4	채권법	-839	불법행위)	사무관리,		물권법(소유,
.52	계약법:	841	친 족	부당이득,		점유, 부동산,
	증여, 조합,	846	상 속	불법행위)		담보, 저당,
	매매, 화해 등	851	민사특별법	친족법		부동산등기),
.53	사무관리	-857		상속법		상속법,
.54	부당이득			호적법		채권(계약, 불법
.55	불법행위			부동산		행위, 부당이득,
.6	친족·가족			등기법		매매, 임대,
	신분법			차지·차가법		원상회복 등)
.7	상속법					
.8	민사특별법:					

NDC		국립국회도서관 분류표(일본)		법률학전집(일본)	LCC(구서독)	
	신탁·공탁·					
	등기·호적·					
	신원보증법등					
325	상법	861	상법	상법	2061	상법
.2	회사법:	862	총칙	회사법	-2633	상기업법,
	주식·사채·	863	회사법	상행위법		상행위법(운송,
	회사정리 등	-866		해상법		유통증권,
.3	상행위법:	871	상행위법	항공법		은행, 해상,
	운송법·기탁	881	보험법	보험법		보험),
	·창고업 등	885	해상법	어음		기업단체
.4	보험법	891	유가증권법	수표법		(조합, 협회등)
.5	해상법:			사채		상업법원 및
	해상운송·			신탁법		소송법
	해상보험·					
	선박채권포함					
.6	유가증권법					
.7	상사특별법					
326	형법·형사법	711	형법	형사법	7962	형법,
.1	형법총론	716	각종범죄유형	형법총론	-9799	형사소송법
.2	각종범죄유형	-719		형법각론		죄, 형벌,
.3	형사정책, 범죄학			특별형법		형사정책,
.4	형벌:	721	특별형법	노동형법		형사법원 및
	보안처분포함	-738		교정보호법		소송절차
.5	행형·교정			소년법		(형사법원
.8	형사특별법:	741	형사정책:	형사보상법		행정·조직,
	경제·노동·	-765	범죄학,			소년법원),

	NDC		국립국회도서관 분류표(일본)	법률학전집 (일본)		LCC(구서독)
	선거·조세· 군형법 등		형벌론, 행형·교정, 보안처분, 소년법			피해자학
327	사법, 소송수속법	771	사법	재판법	3655	사법제도 및
.1	사법제도· 사법행정(법무)	772	사법제도	재판법일반	-4399	소송법 사법행정,
.19	소송절차일반	781	소송제도			법원,
.2	민사소송법	785	민사소송법:	민사소송범		법률전문가,
.3	강제집행법	-789	회사갱생	강제집행		민사소송법·가
.4	가사심판법· 인사소송 및 조정	791	법포함 형사소송법	(파산·화의, 경배·회사,		사심판법(강제 집행, 중재, 파산,
.47	비송사건수속법	792	인권옹호	갱생)		소송비용 등)
.5	민사조정법	793	소송기록	인사소송법		
.5	민사조정법			가사심판법		
.6	형사소송법			조정·중재법		
.7	인권옹호			형사소송법		
.8	소년법					
328	제법	411	경제·산업법:	산업·경제법	6411	경제·산업법
.1	경제·산업법: 금융·재정 등	-468	공익사업, 농림·수산,		-7047	정부통제(가격, 독점, 전매등),
.2	농림수산법		광업·에너지,	농업·어업법		산업, 무역,
.3	광공업·건설 ·공해법		공업, 상업·무역·외 환, 금융(신탁, 증권, 보험포함),	광업법 독정금지법 금융·		상업(일차산업: 농업·광업,　2차 식 품업, 국내상업), 에너지, 수송,

NDC		국립국회도서관 분류표(일본)		법률학전집 (일본)	LCC(구서독)	
			건설. 공업소유권등	증권거래법 협동조합법		커뮤니케이션, 기상, 전문업종,
		471 -488	운수업(육상, 해상, 항공, 창고, 관광)			산업범죄, 산업중재법원 및 소송법
.4	교통 · 통신법	491	통신법	무채재산법	2636	지적 · 산업재산 법
.5	무채재산법			공업소유권법	-2833	(판권, 특허, 상 표,
.6	노동법	511	사회법:	저작권법		부당경쟁)
.7	사회 · 후생: 사회복지 · 보험, 의료위생, 약사	-594	노동, 후생(사회보험, 사회복지, 공중위생, 의사, 약사, 리크리에이션, 자연보호 등)	사회법 노동법	3270 -3646 6172 -6256	사 회 법 사회보험, 공공복지 사회법 원 및 소송법 공공위생(전염병, 약, 의료, 수의), 환경
.8	문화 · 교육	611 -616 631 -641	문화 · 교육법 (저작권 포함) 외무행정 (식민지 포함)		2849 -3269 6257	노동법(노동법원 및 소송법 포함) 문 화
.9	국방법	651	국방		-6409	교육, 스포츠, 과학 · 기술, 예술, 교회 국방, 비상사태, 공공 안전경찰, NATO 참여, 군형법 및 소송법 포함

앞에서 제시한 <표 10>을 살펴보면 이들은 한국의 법체계와 큰 차이가 없으나 다만 그들의 국가사정상 황실법, 연방주의법, 식민지법, NATO참여법 등이 포함되어 있으며, 특히 독일에 있어서는 종교법이 비교적 비중 있게 취급되어 있다. 그리고 사법·소송법·영법에 인권옹호·형사보상법·피해자학 등 국민의 기본권리에 관한 항목들을 많이 설정해 놓음으로써 선진국적인 면모를 보여 주고 있다.

이상에서 제시된 내용들을 분석하여 통합전개표를 마련하였는데 먼저 대륙법 계통에서 통설화되어 있는 6법을 주류로 설정하여 대조표에 공통적으로 전개되어 있는 순서를 준용하여 전개하였으며 나머지 諸公法(경제·산업법, 사회·문화법 등)을 한데 모아 별도의 독립된 큰 주제로 설정하여 맨 마지막에 배치하였다. 또한 가급적이면 열거된 항목들을 제외시키지 않음으로써 대륙법계통의 법세계에 대한 보편성을 최대한 유지하고자 하였다.

<표 11> 대륙법체계의 통합전개표

① 헌   법: 헌법학. 입법학, 헌법전(국왕, 입법, 사법, 행정, 국민의 권리와 의무, 선거, 정당 재정, 지방), 황실법, 연방주의, 헌법재판소

② 행정법: 행정조직, 공무원, 행정작용일반, 행정구제(행정법원 및 소송, 국가보상 등), 공공재산(공물·영조물·공기업), 공용징수·공용부담. 재정(예산, 지출, 화폐, 조세, 관세. 전매, 국채, 지방채, 외채, 지방재정일반), 경찰, 소방·방제. 위험물취급, 국내치안 유지, 공공안전, 지방자치

③ 민   법: 자연인·법인, 물권법·재산법(소유, 점유, 부동산), 담보물권법, 채권법(계약: 증여, 매매·임대, 화해, 원상회복 등. 사무관리, 부당이득, 불법행위), 친족·가족·신분법. 상속법, 민사특별법(신탁, 공탁, 부동산등기, 임대, 호적, 신원보증)

④ 상   법: 회사법(주식, 사채, 회사정리), 상행위법, 보험법, 유가증권(유통 증권), 해상법(해상운송, 해상보험, 선박체권포함). 상업법원 및 소송법, 상사특별법

⑤ 형   법: 형법총론, 각종범죄유형, 형사정책·범죄학, 피해자학, 형벌(보안 처분포함), 행형·교정, 소년법, 영사보상법, 특별형법(경제·노동·선거·조세·군형법 등)

⑥ 사법·소송법: 사법제도, 사법행정(소송절차일반포함), 인권옹호, 민사소성업(강
　제집행: 파산·화의·경매·회사갱생, 가사심판·인사소송, 비송사건수
　속법, 민사조정·중재법, 소송비용), 형사소송법
⑦ 기타 제공법: 경제·산업법(정부통제: 가격·독점·부당경쟁 등 공익사업, 상
　업·무역·외환, 금융: 은행·신탁·증권·보험포함, 농림·수산, 광
　업·에너지 제조업, 식품업, 건설, 무채재산법: 공업소유권·저작권법,
　공해, 교통·수송: 육상·해상·항공 창고·관광, 커뮤니케이션, 기상,
　전문업종), 사회법(노동, 후생: 사회보험·사회복지·공공위생·의사·
　약사 수의, FP크리에이션·자연보호 등), 교육·문화·스포츠·과학·
　기술·예술·종교, 외무행정(식민지포함), 국방, NATO참여, 비상사태

3. 영미법계통

　오늘날 전 세계에 존재하는 여러 법계 중에서 세계의 법률문화발
전에 가강 크게 공헌한 중요한 법계라고 한다면 역시 대륙법계와 영
미법계를 들 수 있을 것이다. 판례법주의로 특징져지는 영미법계에
속하는 나라들은 종주국인 영국을 비롯하여하여 미국, 캐나다, 호주,
뉴우질랜드, 인도 등이 있으나 2차대전 이 후 영국·미국 중심의 연
합국의 승리로 인하여 우리나라를 비롯하여한 세계의 많은 나라들이
영미법 특히 미국의 영향을 많이 받게 되었다. 그러나 모든 영연방
국가들이 영미법의제 영역을 전부 그대로 받아들인 것은 아니었다.
특히 아시아와 아프리카의 상당수 국가들의 경우 재산법·신분법 등
은 자국의 전통적인 관습법을 그대로 적용하고 경제법·영법 등에
있어서만 영미법을 채용해 왔었다.53)
　영미법계의 가장 큰 특징은 판례주의와 배심재판제도이다. 즉 법
원에서의 판결이 제1차적인 법률정보가 되는데 이것에는 보통법(또
는 코먼로우)과 형평법(equity)이 있다. 보통법은 전통적으로 판례의
대부분을 구성하고 있으므로 해서 영미법계 국가들을 「코먼로우」국

---

53) Elizabeth M. Moys. *Moys Classification Scheme for Law Books*. 2nd ed.
　London, Butterworths, 1982. p. 2.

가들이라고 지칭하기도 한다. 형평법은 보통법의 문제점을 환화하기 위하여 발생하였으나 취급영역이 재산법, 계약법 등 제안 되어 있을 뿐 아니라 법세계의 이원화로 인하여 혼란이 초래되어 미국에서는 거의 자취를 감추었다. 그렇지만 형평법은 영미법계통의 발전된 모습을 보여주는 가장 뚜렷한 특징이라고 할 수 있다.54)

영국의 경우 헌법조차도 성문법전이 존재하지 않고 판례헌법의 성격을 가질 정도로 아직 판례법이 차지하는 비중은 크다고 할 수 있다.55) 그러나 기존의 판례의 내용을 바탕으로 하여 점차 법제화해 가고 있는 추세이다. 러시아에서도 일부 채택하고 있는 배심재판제도는 영국의 경우 영사사건에만 엄격히 적용하고 민사사건에는 적용하지 않는 것을 원칙으로 하고 있다. 그러나 미국의 경우 민·형사사건 공히 엄격히 적용하고 있어서 배심재판제도는 오늘날 미국법의 대표적인 특징이라고 할 수 있다.

미국의 경우 대외적으로 연방법규를 준용하는 것으로는 국방, 외교, 화폐 등 극히 일부에 지나지 않기 때문에 각 지방국가들(states)은 헌법을 비롯하여 대부분의 법영역에 걸쳐서 제각기 나름대로의 법규를 갖추고 있는 실정이다. 연방정부에서는 각 주에 공통적으로 적용하기 위하여 유통증권법, 동산매매법 등 통합제정법을 마련해 가고 있는데 현재 각 주에 채택을 권고하고 있는 법률로는 통일주법 58개의 모범법 26개가 있다. 이러한 통일재정법은 다른 주권국가들의 입장에서 보면 단지 보편적인 국내법에 지나지 않기 때문에 더 이상의 논의대상이 아니라고 판단된다.

영미법계통에 있어서 개별법들의 특성을 살펴보면 대체로 다음과 같다.

영미법계통에서는 대륙법계통처럼 私法을 민법과 상법으로 대별하

---

54) W. R. Cornish. "Legal System and Legal Literature." In: *Manual of Law Librarianship*. ed. by Elizabeth M. Moys, 1976. p. 77.

55) Adrian Blunt. *Law Librarianship*. New York, k · G · Saur, 1980. p. 10.

는 것이 아니라 민법은 개념자체가 존재하지 않으므로 단지 민법에 해당하는 법들이 계약법, 불법행위법, 재산법, 가족법등으로 세분되며 또한 대륙법의 상법은 상법, 상기업법 등으로 구분된다. 계약법과 불법행위법은 대륙법의 채권법에 속하나 아직은 판례법 중심으로 되어 있는 법이다. 재산법은 물권법 또는 소유법(사회주의법)에 해당하지만 동산은 상법에서 취급하고 여기서는 단지 부동산만 취급하여 이것의 소유와 점유를 주로 다루고 있으며 신탁법에 비중을 두어 여기에 포함시킨 것과 상속법이 재산법에 속하는 것 등이 특징이라고 할 수 있다. 그러나 신탁은 계약, 재산법, 상속 등 모든 분야에 적용되므로 별도의 항목을 설정하는 것이 바람직한 조치일 것이다.

대륙법계통의 상법에 해당하는 것으로 영미법의 상법(상거래법)과 상기업법이 있으나 여기에는 대륙법계통의 상법에 속하는 보험법, 해상법 등이 빠져 있다. 즉 상법에는 동산과 관련하여 동산매매, 유통증권(어음·수표), 권리종권(주식·사채 등). 담보부거래 등이 포함된다. 또 다른 독립법인 상기업법은 그 내용을 회사, 조합. 대리 등 3대 상기업형태로 구분하고 있다.

미국공법의 주요 분야로는 헌법, 행정법, 기업규제법, 노동법, 세법, 형법 등이 있으며 민사소송법, 형사소송법, 증거법 등은 실제법이 아니고 절차법이므로 사법·공법과는 별도로 취급하고 있다.

행정법은 절차면을 강조한 나머지 행정청에서 제정한 실체법은 포함되지 않으며, 행정위원회의 행정행위에 대한 사법적 심사를 명백히 하기 위한 절차법으로서 흔히 행정법이라 하면 「연방행정절차법」을 말하는데 헌법, 제정법, 판례법, 그리고 행정위원회의 규칙과 결정 등의 복합물로 되어 있어서 DDC에서는 헌법과 함께 취급되고 있으나 UDC에서는 법률학 항목이 아닌 행정학에 포함되어 있다. 또한 행정소송은 「소송절차법」에서 취급한다.

기업규제법에는 독점금지법과 부정경쟁방지법이 속하나 특허법, 상표법, 상호법, 저작권법도 포함시키기도 한다.

　지금까지 영미법체계의 특성을 전반적으로 살펴보았는데 사실상 오늘날은 그 어떠한 국가도 대륙법과 영미법의 어느 한 법체계만을 고집할 수 없을 정도로 양대 법체계의 접촉·조화가 심화되었고 이로 말미암아 대륙법과 영미법이 혼합된 서양법(Western law)이라는, 한층 더 상위의 새로운 법체계가 형성되었다.

　여기서는 영미업계국가를 대표하는 미국과 영국의 법체계를 비교·분석한다는 의미에서 미국의 DDC와 LCC의 영국법부분 그리고 일본 국회도서관분류법의 영미국가 전개표를 상호 비교해 보고자 한다. Moys법률분류법은 국내실정법의 전개체계만 놓고 본다면 영미법계통의 대표적인 문헌분류법이라고 할 수 있겠으나 제Ⅱ장 C절에서 구체적으로 고찰하기로 하고 여기서는 논의로 하고자 한다. LCC에는 미국법과 영국법이 별도로 나와 있으나 배열위치만 조금 다를 뿐 내용은 거의 일치하기 때문에 LCC의 영국법부분은 영국법체계를 대표적으로 표현하는 문헌분류법이라고 전제하고 DDC는 미국의 법체계를 대표적으로 소개하는 문헌분류법이라고 간주하여 이들을 대비하여 표형식으로 나타내면 다음 <표 12>와 같다. 단 대비표를 작성하는데 있어서 LCC의 영국법부분과 일본국회도서관분류표에 전개된 항목들은 법의 내용, 성격 등이 같은 것끼리 대비되도록 하기 위하여 가능한 한 DDC의 전개순서에 따라 재배열한 부분도 있다.

<표 12> 영미법체계와 관련된 주요 문헌분류표의 항목대비표

DDC		LCC(영국)		일본국회도서관분류표 (미국·영국·캐나다)	
342	헌법행정법	KD3931	헌법, 행정법	211	헌법
.1	통치구조 입법	-5133	법의지배, 권력의 분	241	의회
.9	사법, 행정, 국민의 권리와		산, 외국관계, 개인과	251	선거
	의무,		국가, 국적, 국민의	311	행정법
	선거법, 지방정부		권리·의무·자유·	-359	공무원
343	국방·세금·상업		외인법, 통치구조(입		소방·경찰

.01	(무역) · 산업법 국방 퇴역장병 (연금 · 복지 등)		법, 사법, 행정, 황실), 지방정부, 행정조직 및 절차법, 연방제국 법, 비상사태법		국내치안지, 주행정
.02	공공재산	5280	재 정	361	재정
.03	재정(화폐, 세입 세출 등)	-5752	국고, 화폐, 외환, 예 산지출, 국가수입(세	366	조세
.04	세법		금, 관세), 지방재정	381	공기업
				391	지방행정
.06		6000	국 방	651	국방 · 국방법
.07	경제활동법(소비자보호,	-6355	퇴역장병, 군형법 등	411	산업법
.08	경제활동 지원,	2200	산업, 무역, 상업법	-465	독점금지 · 경제
	기업규제	-2990	상업 · 무역(광고, 가		통제, 농업 · 광업
.09	1차 · 2차 · 3차산업의		격, 통제, 전매, 독점,		· 동력 · 공업 ·
	세부내용 및 국제무역),		부당경제 등), 일차산		상업 · 금융 · 무
	공공시설물(물과 에너		업, 재조업, 식품업,		채재산 · 도시계
	지, 수송: 육로 · 수로 ·		건설, 공익사업, 무역		획(건설)
	항공 · 지방수송 등, 커		· 상업, 전문직종	471	운수 · 통신
	뮤니케이션: 우편 통 신 · 방송 · 신문 등)				
344	사회 · 노동 · 복지 · 건강 ·	3000	사회법	511	사회법
	안전 · 교육 · 문화	-3480	노동, 사회보험	-541	노동 · 후생
.01	노동		공공복지, 건강 · 위	631	외무행정
.02	사회보험		생, 환경, 의료, 수의,		
.03	복지		동물, 보호, 약(음식 ·		
.04	건강 · 위생(의료, 약, 수		알코올 포함)		
	의, 환경)	3490	공공안전(무기, 소방,		
.05	안전: 경찰 · 소방 · 방재	-3516	방재 등)		
.06	공익사업	3521	스포츠, 오락(복권,		
		-3529	박 포함)		
.07	교육	3600	교육 · 문화 · 과학기술	611	문화 · 교육

이상에서 제시된 영미법계통의 주요 문헌분류표들의 전개사항 가
운데 LCC와 DDC는 제Ⅱ장에서 구체적으로 논급되므로 여기서는
생략하고 일본국회도서관분류표만 검토하기로 한다. 일본국회도서관
분류표(미·영·캐나다)는 모든 영미법계 국가들로 하여금 무리 없
이 채용할 수 있도록 전개되어 있어서 DDC 및 LCC(영국) 것과 큰
차이점은 없다. 다만 상법을 대륙법체계에 따라 전개해 놓은 것은
이해하기 힘든 부분이기도 하다.

통합전개표를 마련함에 있어서 가급적이면 영미법의 특성과 해당
문헌분류표상의 전개상황을 고려하여 헌법. 재정, 개별행정작용법 그
리고 재판법, 형법 등 공법적인 성격이 강한 항목들은 앞쪽에 배치
하고 人法, 재산법, 계약·불법행위. 상법 등 私法에 해당하는 항목
들은 뒤에 전개하였다.

이상에서 논의된 내용들을 토대로 하여 영미업계의 통합전개표를
제시하면 다음 <표 13>과 같다.

<표 13> 영미법체계의 통합전개표

① 헌법·행정법-통치구조(황실, 입법, 사법, 행정), 국민의 권리·위무·자유, 연
　방·제국법, 선거법, 공무원, 행정조직 및 절차, 지방정부(헌법 및 행정)
② 재정-국가수입(조세, 전매, 기타수익사업), 공공재산(국고, 공물, 공기업, 천연자
　원 등) 화폐, 외환, 예산 및 지출, 지방행정
③ 산업·경제법-경제활동법(소비자보호, 기업활동지원, 가격통제, 기업규제: 독점금
　지·부당경쟁방지 등), 1차산업, 제조업, 식품업, 건설업, 물과 에너지,. 상
　업·무역·교통, 커뮤니케이션(우편, 통신, 방송, 신문 등)
④ 사회·문화법-노동, 사회보험, 복지, 건강, 위생, 환경, 의료, 동물보호. 약(음
　식·알코올포함), 교육, 문화, 스포츠, 오락, 종교
⑤ 기타제공법- 국방(퇴역장병포함), 공공안전(경찰, 소방, 방재, 무기 등), 보훈, 의
　무행정
⑥ 재판법·절차법-일반(증거, 法律救助 등), 법원행정·조직·운영·구성원, 형사소
　송법, 민사소송법(조정, 중재, 화의, 보상포함), 행정소송법 포함
⑦ 형법-형사학(소년범포함), 행형, 범죄, 형벌
⑧ 人法-자연인, 법인, 신분, 가족법

⑨ 재산법-동산·부동산의 소유 점유, 무채재산(지적·산업재산: 저작권, 디자인보
　　호, 특허, 상표, 상호), 상속법, 신탁포함
⑩ 계약·불법행위-준계약. 부당이득, 대리
　　※ 대륙법계통에서는 대체로 채권에 속하는 내용들이다.
⑪ 상법-영리의 기업·조합, 상거래. 파산법, 은행, 보험.
　　유통증권(어음·수표), 권리증권(주식·채권 등)
　　※ 해상법은 영미권국가의 문헌분류법인 DDC와 LCC(영국법)에는 나와
　　있지 않아 제외시켰다

4. 사회주의 국가법계통

　소련 등 사회주의 국가법은 막스·레닌사상을 철학적 기반으로 하
여 기존의 자본주의 업체계를 정면으로 부정 비만하면서 제정되었기
때문에 대륙법계나 영미법계 등 자본주의 국가법체계와는 상당히 다
르다. 1930년대 이 후 사회주의 국가법체계는 기본원리를 시민법체
계에 두고 있으나 대륙법세계 및 영미법체계와 더불어 세계의 중요
한 법가족 중의 하나가 되었으며, 대부분의 제3세계국가들이 많은
영향을 받았는데 특히 그 가운데 아프리카국가들은 여전히 사회주의
법체계가 자국의 사회주의국가건설의 모델법체계라고 믿고 있다.56)
　그러나 국제사회에 있어서 1990년은 하나의 큰 전환점이었다. 2
차대전 이후 정치적·군사적으로 대치해 왔던 동서 냉전체제가 무너
지고 소련을 비롯하여한 동구사회주의 국가들은 급속도로 붕괴되어
미국을 비롯하여한 서방자본주의가 적어도 경제·정치·군사적으로
는 승리하는 결과를 가져오게 되었다.
　그리하여 혹자는 사회주의국가가 붕괴된 이 시점에서 사회주의국
가법을 특별히 살펴 볼 필요가 있느냐라고 반문할 지도 모르나, 100

---

56) Thomas H. Reynolds. "Socialist Legal System: Reflection on Their Emergence
　　and Demise." *International Journal of Legal Information* vol.20. no.3(Winter
　　1992). p. 215.

년 가까운 세월동안 정치·경제·사회·문화 등 모든 영역에 걸쳐 사회주의국가들의 이념적·철학적기초가 되었던 막스·레닌사상에 길들여 져 있었던 이러한 나라들에 있어서 우리가 흔히 말하는 사회주의체제의 붕괴란 정치·경제 등 극히 일부분에 지나지 않는다고 힐 수 있을 것이다. 그렇기 때문에 경제법, 국제관계법 등 극히 일부법을 제외하고는 기존의 전통적인 사회주의법체계에 크게 영향을 미치지 않을 것으로 판단된다.

여기서는 먼저 사회주의 체제의 종주국이었던 구소련의 현행 민법전의 내용을 중심으로 하여 소련법 전반에 대해서 개관해 보고 아울러 북한의 법령집의 내용도 살펴봄으로써 사회주의법에 대한 실상을 파악한 다음, 소련·중국의 현행 문헌분류표 및 법령 등의 내용을 비교·분석하여 모든 사회주의국가에 공통적으로 적용할 수 있는 법체계를 확립하고자 한다.

사회주의국가는 자본주의국가에 비해 경제적 우월성을 전제로 하고 출발하였기 때문에 경제관련법의 비중이 크고, 소유의 개념도 개인소유보다는 집단소유, 국가소유 중심이며 개인기업 등 상행위개념이 거의 없기 때문에 상법이 별도로 존재하지 않을 뿐 아니라 노동법, 토지법 등이 비교적 상위항목으로 나타난다.

소련의 헌법은 공식적으로 기본법(osnovnoi zakon), 또는 국법(gosudarstvennoe-pravo)이라는 명칭을 쓰면서 그 지위가 다른 법률보다 우의에 있음을 시사하지만 자본주의 국가법체계에 비하면 헌법이 법률보다 월등한 것은 아니다. 또한 소련에서는 권력분립의 개념을 단호히 부정하고 있을 뿐 아니라 판례를 법원(1차 법률정보)으로 인정하지 않는 것이 이채롭다. 이러한 특성을 가진 사화주의국가 헌법, 그 중에서도 소련의 헌법이 이슬람국가들의 헌법에 많은 영향을 끼치기도 하였다.

소련의 민법전은 일반원칙, 재산(소유권), 채무, 저작권. 발견, 발명, 상속 및 「외국인의 민법상 능력과 외국법 및 국제조약의 적용」

이라는 8개 부문으로 구성되어 있다. 이 가운데 「외국인의 민법상
능력」은 「외인법」에 포함시킬 수 있고 「외국법 및 국제조약의 적용」
은 일반적으로 「국제법」 또는 「저촉법」 쪽에서 취급하게 된다. 민법
전은 법률주체인 국가, 협동조합 및 사회단체, 개인의 재산 및 일정
한 비재산 관계를 규율하는 법이기 때문에 행정적 종속관계에 기초
한 당사자들의 수직적 관계를 규정하는 가족법. 노동법 또는 집단농
장법에는 적용되지 않는데 특히 다른 법계에서는 민법에 포함시키는
가족법이 별도의 독립된 법전으로 존재하는 것이 특이하다. 「일반원
칙」은 주로 행위주체인 「자연인과 법인」에 관한 내용이며, 「재산」은
사회주의적 소유와 개인소유로 대별한 다음 사회주의적 소유는 국유
재산과 집단농장, 협동농장, 노동조합 및 기타 사회단체의 재산으로
구분된다. 자본주의법계에서 무채재산권 또는 지적소유권에 속하는
저작권·발견·발명이 8개 민법전 가운데 3부문을 차지하고 있는
것도 주목할 만하다. 그리고 소련의 민법전 중 가장 방대하기도 하
거니와 대륙법계통에서 「채권」이라고 말하는 「채무」는 법전 내용상
제약, 불법행위, 구조의무(구출행위)[57]로 구분된다.

가족법은 앞에서도 논급되었듯이 하나의 독립된 법전으로서 총
론·혼인·가족법률행위·외국인의 권리 등 5개 부문으로 구성되어
있는데 외국인의 권리는 성격상 「외인법」에 포함시키는 것이 타당할
것이다.

노동법은 국제법으로서도 점차 활발해 지고 있는 법으로서 자본주
의법체계에서도 점차 그 중요성이 강조되고 있는 법영역이며, 소련
등 사회주의국가들에 있어서는 모든 법률분야 가운데서 가장 중요한
위치를 점하고 있는 독립법전이다. 법전상의 구체적인 내용을 살펴
보면 노동집단, 단체협약, 노동계약(노동자와 기업단체 사이의 계약),
분임조, 노동규율, 노동쟁의, 노동조합, 국가사회보험(모든 노동자와

---

57) 일본 및 한국에서의 「사무관리」에 해당되며. 타인의 생명이나 재산을 구조
하려다 입은 피해에 대한 배상청구권을 의미한다.

고용인은 국가사회보험에 가입), 기업이 입은 손해에 대안 책임(형법상 처벌). 협동조합 및 개인노동행위 등이 있다.

Marx · Engels 이데올로기의 최우선 과제는 경제이기 때문에 경제관계법은 다른 모든 법률을 다 합한 것보다도 더 많으며, 자본주의법계에서의 민법의 많은 부문이 소련에서는 경제법에 포함된다. 그러나 대부분의 사회주의국가들은 경제법을 하나의 중요한 법영역으로 독립시키는 데에는 사실상 실패하였다고 할 수 있다.58) 경제법전의 구체적인 내용에는 경제기관의 창설, 기관의 규정이나 정관승인, 기관의 권한행사, 대표권 및 재편성 그리고 국영기업, 조합, 사회조직을 불문하고 모든 형태의 경제기관의 해산에 관한 절차 등이 있다.

사회주의법체계의 가장 큰 특징 중의 하나는 「집단생산주체관련법」으로서 이것이 중요한 독립법전으로 취급되는 것인데 수입금이나 손실액을 분배하지 않는 국영농장과는 개념이 다르며, 집단농장은 협동조합의 일종으로서 협동조합은 생산협동조합(집단농장은 이것의 일종)과 소비협동조합으로 대별된다. 집단농장의 경우 법전상의 내용에는 모범정관, 구성원자격, 집단농장관리, 집단농장소유, 노동보수, 국가의 농산물조달, 수익의 분배, 사회보장(국가사회보장제도에서 제외), 노동조합, 집단농장가족 등이 있다.

세법은 자본주의국가와는 달리 대부분의 재산이 국가소유로 되어 있어서 그 내용과 세법의 규모는 엄청날 것이므로 독립법전으로 존재한다는 것은 어쩌면 당연하다고 할 수 있다.

민사 · 형사소송법은 한 사건이 양 소송에 모두 관련된 경우 동시에 이루어지는 특성이 있으며, 민사뿐만 아니라 형사소송에 있어서도 원고는 검사가 아니라 피해당사자이다. 행정소송이 민사소송에서 취급되는 것이 영미법계통과 동일하다. 한편 소련에서는 행정위원회

---

58) Thomas H. Reynolds, "Socialist Legal System: Reflection on Their Emergence and Demise." *International Journal of Legal Information* vol.20. no.3(Winter 1992) p. 217.

라는 것이 있어서 서방세계와는 달리 행정법은 범죄자로 취급하지 않고 다만 행정적 구류에만 처한다.

형법은 범죄예방을 목적으로 하기 때문에 범죄처벌은 단지 보조적 역할을 할 뿐이며, 소련에는 형사정책의 이념적 적용을 위한 「교정노역법」이라는 것이 있다. 그리고 아직까지 실제 존재하지는 않지만 그 중요성이 점차 부각되어 존재 여부가 한창 논의 중인 「천연자원법」이라는 것이 있는데 그 내용은 자연보호법, 생태학적보존법 환경법 등이다.

또한 북한의 법체계를 살펴보기 위한 방편으로 「북한법령접」에 수록된 1,000여건의 법령들과 북한법의 일반적인 체계를 종합하여 보면 다음과 같이 15개 분야로 나눌 수 있다.59)

> 헌법분야, 행정법분야, 토지법분야, 협동조합법분야, 군사법분야, 민법분야(총칙, 소유권법, 채무법, 저작권법, 창의·고안법. 상속법), 가족법 분야, 상법분야, 경제법분야(산업, 금융, 거래규제, 건설, 검사 등), 노동법분야, 사회보장분야, 조세법분야, 형법분야, 소송법분야, 국제법분야(중재법, 대외관계법 등)

앞에서 이미 논급된 바 있는 사회주의국가에 관한 주요 문헌분류표와 법령집의 내용을 분석하여 일본국회도서관분류표(중국·소련·동독편)의 전개순서에 따라 열거하면 <표 14>와 같다. 여기에서 일본국회도서관분류표의 전개순서에 준한 이유는 단지 비교·대조가 용이하도록 하기 위한 것이다.

---

59) 최종고, 북한법, 서울, 박영사, 1993. pp. 8~18.

<표 14> 사회주의법체계와 관련된 주요 자료의 항목대비표

일본국회도서관분류표 (중국·소련·동독편)		중국도서관 도서분류법		소련BBK분류법		중국기본 법령집
211	국가법	911	국가법·헌법	X620	소비에트 국가법	
212	헌 법	.1	국가기구	.1	소비에트헌법,	헌법·
218	최고권력기관		조직법		소련헌법,	조직법
	및 행정기관	.2	선거법		연방구성공화국	
251	선거제도				헌법,	
					자치공화국헌법	
				.2	사회정치기구,	
				-.4	민족적·국가적	
					기구	
				.5	선거제도	
				.6	소비에트국가	
					제기관의 체계	
311	행 정 법	912.1	행 정 법	X621	행 정 법	
321	행정관리: 국방·	912		.01	행정조직	
-351	외사·내무공안	.11	행정관리	.02	공 무 원	
		.12	국방·군사	.03-	국가기관통제	
		.13	외사관리	.072	(인민·소비에트	
		.14	공안·민정		·사회에 의한	
		.15	화교·민족		통제)	
361	경제관리: 공업·	.16	문교·위생	.16	경제행정	교육·사회
-431	농림·상업·대	.17	과학·기술		(산업, 건설,	산업·경제법
	외무역·교통운	.19	기타(종교		농림 등).	무역(관세포
	수·우편·건설		등)		국가안전방위,	함)·출입국
441	교육·문화·과학	912	경 제 법		내무,	관리법
	·예술관리	.29	(일본국립		질서,	경제특별구
451	위생·보건사업		국회도서관		민병,	법
	관리		의 경제관		사법행정 등	합영·합자법
461	주방 및		리항목과			외자·화교자
	공용사업		동일)			본기업
471	사회보장사업					

481	재 정 법: 예결산·세입· 은행·화폐 등	912.2	재 정 법 세입, 은행, 화폐, 보험 등	X622	재 정 법 국고수입 (세입·기타), 국고지출 금융조절법 예·결산	재 정 법 세 법 금 융 법 은행, 외환, 회계, 기업채권 등
511	민 법 일 반	913.1	민 법 총 칙 (자연인· 법인, 법률행위· 소멸시효 대리 등)	X623 .01	민 법 민법의 주체 (자연인·법인) 소 유 권 (국가·단체·개 인의 소유권)	민법·경제계 약법 민법총칙 무채재산 경제·기술계 약법
521	물 권 채 권 저 작 권 발 명 권 계 승 법					
		913.2 .3 .4 .5 .6	소 유 권 채 권 저작권·발명 권 상 속 권 계 약 법	.2 .3 .4 .5 .8	채 무 법 (계약, 국가보험, 현상광고·구출행 위, 가해에 의한 채무 등) 저 작 권 법 발 명 권 발 견 권 상 속 법	
581	가족법·혼인	913.9	혼 인 법	X624	가족법(혼인 등) 토지법·광산법·	혼인·상속법
651	토 지 법	912.3	토 지 법	X625	삼림법·수자원법	토지관리
611	노 동 법	912.5	노 동 법	X627	노 동 법	기업관리법 국 영 기 업, 파 산법, 가격
681	집단농장 인민공사	912.4	인민공사법	X626	콜호즈법	환경보호법, 환경법, 천 연

						자원보호법
711	농업생산합자사 형　법	914	형　법(반혁 명죄 등)	X628	형법·법죄학·교 정노동법	(수산자원등) 관리법
741	형사정책: 교정노동법, 감옥법 등	918	범죄수사학: 감식·흔적· 검증 등		형　법 범죄학 교정노동법	형　법 노동교정법
				X629 .4	형 법 학	
771	재판법·심판법	916	사법제도	X629	재판제도	사법제도·소
772	사법제도	.1	사법행정	.01	재판소	송법
-776		.2	재판소·검	.1	변호사 검찰	법원조직법
785	민사소송법	-.7	찰·변호사	.2	민사소송법	변호사·공증
791	형사소송법		공증·감옥	.3	형사소송법	경제계약중재
			제도	.34	증　거	민사소송법
		915	소 송 법	.5	재　판	형사소송법
		.1	민사소송법	.54	민사재판	
		.2	형사소송법	.55	형사재판	
		919	법 의 학			

앞에서 제시한 <표 14> 가운데 일본국회도서관분류표의 경우는 사회주의국가 법체계를 대체로 보편·타당하게 전개하고 있는 것으로 판단된다. 소련과 중국의 문헌분류표에는 「집단생산주체」를 취급한 항목에서 자국과 관련된 항목들, 즉 각각 콜호즈법 및 인민공사법만이 나와 있는데 반하여 일본국회도서관분류표에는 집단농장, 인민공사, 농업생산합자사와 같이 관련 항목을 전부 열거한 것으로 보아 비교적 보편·타당하게 전개된 분류표라고 할 수 있다.

중국도서관도서분류표의 경우 행정법의 일반적 원리를 다룬 항목이 빠져 있으며 개별적인 행정작용법 중 많은 항목이 빠져 있다. 그리고 화교·민족사무는 재외법에 포함시키는 것이 올바를 것이며, 가족법이 어디에서도 발견되지 않는 것은 그 내용의 대부분이 혼인법에 포함되기 때문이다. 또한 대륙법계에서는 포괄적인 의미의 행정법에 포함되는 재정법이 행정법과 같은 수준의 동위항목으로 설정되어 있는 것도 특징이라고 할 만하다.

전반적으로 볼 때 가족법가 토지법이 민법에서 독립되어 나온 것이라든가 교정노역법·자원보호법 등이 설정된 것이라든가 그리고 발명권·발견권이 상위항목으로 나타나 있는 것 등이 사회주의법체계의 대표적인 특징이라고 할 수 있다. 한편 「천연자원」에 관련된 법규들의 경우 일본국회도서관분류표와 중국도서관분류표에는 그 중에서 토지법만 있으나 소련 BBK분류법에는 토지법, 광산법, 삼림법, 수자원법이 나와 있으며, 중국 기본법령집에는 환경관계법과 수산자원 등 자원보호에 관한 법들이 한데 모여 있다. 이 내용을 정리하여 합리적으로 배치한다면 환경관계법과 자원보호법을 분리시켜 환경관계법은 개별행정행위법 하에서 분류하고 자원보호법은 토지법, 광산법, 삼림법, 수자원법 등 구체적인 내용을 포함하는 별도의 독립된 항목을 마련하는 것이 타당할 것으로 판단된다.

이상에서 논의된 내용들을 토대로 모든 항목들을 망라하여 법의 계위와 관례에 따라 전개하면 다음 <표 15>와 같다.

<표 15> 사회주의법체계의 통합전개표

① 국가법-헌법 전. 최고권력기관 및 행정기관, 지방권력기관 및 행정기관, 선거제
　　도
② 행정법-행정조직, 공무원. 행정기관통제(인민·소비에트·사회에 의한 통제), 행
　　정관리(국방·외사·공안·민정·민병·출입국관리), 공용사업, 사회관리
　　(사회보장, 환경·위 생·보건), 교육·문화·과학·예술
③ 재정법-예결산, 국고수입(세입·기타), 국고지출, 금융법(은행·외환·회계·기업
　　채권등)
④ 경제법60)-공업, 농림, 상업, 건설, 교통·운수·우편, 무역(관세 포함).
　　경제특별구, 합영·합자법, 외자·학교자본기업, 국영농장
⑤ 민법-총론(자연인 법인 법률행위·소멸시효·대리 등).
　　소유권(국가·집단·개인의 소유권), 저작권, 발명권, 발견권, 채권(계
　　약·국가보험 현상광고·구출행위·가해에 의한 채무 등), 상속법

⑥ 가족법(혼인법 포함)

⑦ 자원보호법-토지법. 광산법, 삼림법, 수자원법, 수산자원법

⑧ 노동법-노동조합. 국가사회보험. 노동계약 등 포함

⑨ 집단생산주체-집단농장(콜호즈), 인민공사, 농업생산합자사

⑩ 형 법-형법총론(반혁명죄 포함), 범죄수사학(감식·흔적·검증 등), 형사정책(교
        정노동법 포함), 형무소법(행형학)

⑪ 재판법-사법제도(법원조직·변호사·검찰·공증), 민사소송법.
        형사소송법(증거 포함), 재판(민사·형사), 법의학

---

60) 경제법에는 「I: 집단생산주체」와 노동조합을 제외한 모든 기업(주로 국영기
    업), 협동조합. 사회조각이든 관계없이 모든 형태의 경제기관에 관련된 법
    이 포함된다.

Ⅱ. 법률학분야 주요 문헌분류법의 분석 및 평가

이 장에서는 현행의 대표적인 일반분류법인 DDC 및 LCC에 포함된 주제 중에서 법률학분야의 전개부분과 법률학분야에 있어서의 대표적인 전문분류법인 Moys법률분류법을 분석한 다음 이를 토대로 하여 현대적인 학문체계와의 부합성 여부, 국제적 보편성여부, 분류법전개에 있어서 일관성여부의 관점에서 각각 평가하고자 한다.

A. 듀이 십진분류법(DDC)

DDC의 법률학부문은 초판부터 340에 배정되어 계속해서 「Law」라는 용어로 사용되어 왔는데 16판(1958) 이후부터 전개상황과 조직체계에 많은 변화가 있었다. 그 예로써 15판에서는 344항목이 「행정법」이었으나 16판에서는 「국방법」으로 그리고 18판에서는 「사회법」으로 바뀌었으며 이 때 15판에서 344이었던 행정법이 16판과 17판에서는 행정학(350) 하에 배정되었고 15판에서는 347항목이 「조약」이었으나 16판에서는 실정법의 2차법률정보인 「Treatises of Law」로 17판에서는 「私法과 司法제도」로 그리고 18판에서는 「민사소송법」으로 각각 달라진 것 등을 들 수 있다.

특히 18판(1971)은 법률학과 數學부문에 있어 완전히 일신된 판으로서 DDC에서는 이것을 「Phoenix Schedule」이라고 하는데[61] 그 시기가 LCC의 미국법(KF) 편찬년도(1969)보다 2년 늦은 1971년인

점으로 미루어 보아 LCC의 법률학분야 문헌분류표의 본격적인 편
찬활동과 무관하지는 않은 것 같다. 이 후 19판과 20판은 目의 명칭
에 있어서도 18판과 일치하고 있을 뿐 아니라 세부항목의 전개상황
과 분류표조직체계에 있어서도 거의 변화가 없었다. 다만 기호의 조
합방식은 19판에서 혁신적으로 바뀌었으며 그 후 20판에서는 변화
가 없었다.

이러한 이유로 해서 본 연구에서는 최근판인 20판의 전개내용과
표조직체계를 대상으로 하여 분석하고자 하여 먼저 <표 16>과 같이
DDC의 개요(Summary)를 제시한 다음 이를 토대로 하여 구체적으
로 살펴보고자 한다.

<표 16> DDC의 개요표(Summary)

SUMMARY

340.01- .09   Standard subdivisions
   .1   Philosophy and theory of law
   .2   Comparative law
   .3   Law reform
   .5   Legal systems
   .9   Conflict of laws

341   International law
   .01-.09   Standard subdivisions
   .1   Sources of international law
   .2   The world community
   .3   Relations between states
   .4   Jurisdiction and jurisdictional relations of states
   .5   Disputes and conflicts between states
   .6   Law of war
   .7   International cooperation

342   Constitutional and administrative law
   .001-.009   Standard subdivisions

---

61) Melvil Dewey. *Dewey Decimal Classification and Relative Index.* 18th
ed. New York, Forest Press. 1971. p. 9.

.02   Basic instruments of government
.03   Revision and amendment of the basic instruments government
.04   Structure. powers. functions of governments
.05   Legislative branch of government
.06   Executive branch of government
.07   Election law
.08   Jurisdiction of governmental units over persons
.09   Local government
.3-.9   Specific jurisdictions and areas

343   Military, tax, trade, industrial law
.001-.009   Standard subdivisions
.01   Military, defensd(national), veterans' law
.02   Law of public property
.03   Law of public finance
.04   Tax law
.05   Kinds of taxes by base
.06   Kinds of taxes by incidence
.07   Regulation of economic activity
.08   Regulation of trade
.09   Control of public utilities
.3-.9   Specific jurisdictions and areas

344   Social, labor, welfare, health, safety, education. cultural law
.001-.009   Standard subdivisions
.01   Labor
.02   Social insurance
.03   Welfare
.04   Public health
.05   Public safety
.06   Public works
.07   Education and schools
.08   Education and cultural exchanges
.09   Culture and religion
.3-.9   Specific jurisdictions areas

345   Criminal law
.001-.009   Standard subdivisions
.01   Criminal courts
.02   Criminal(Offenders)
.03   Criminals(Offenders)
.04   Liability. responsibility, guilt
.05   General criminal procedure

.06   Evidence
.07   Trials
.08   Juvenile procedure
.3-.9   Specific jurisdictions and areas

346   Private law
.001-.009   Standard subdivisions. equity
.01   Persons and domestic relations
.02   Contracts and agency
.03   Torts(Delicts)
.04   Property
.05   Inheritance. succession, fiduciary trusts, trustees
.06   Organizations(Associations)
.07   Commercial law
.08   Banking and insurance
.09   Securities and negotiable instruments
.3-.9   Specific jurisdictions and areas

347   Civil procedure and courts
.001-.009   Standard subdivisions
.01   Courts
.02   Courts with general original jurisdiction
.03   Courts with appellate jurisdiction
.04   Courts with specialized jurisdiction
.05   General considerations of procedure
.06   Evidence
.07   Trials
.08   Appellate procedure
.09   Arbitration, mediation, conciliation
.3-.9   Specific jurisdictions and areas

348   Laws(Statutes), regulations, cases
.001-.009   Standard subdivisions, codification
.01   Preliminary materials
.02   Law(statutes)and regulations
.04   Cases
.05   Advisory opinions of attorneys-general(ministers of justice)
.3-.9   Specific Jurisdictions and areas

349   Law of specific jurisdictions and areas

법률학분야의 문헌분류표를 분석하고자 할 경우에는 학문영역의 특성상 주제별 전개상황을 살펴보기 이전에 표조직체계를 먼저 살펴볼 필요가 있다.

340(법률학의 종류)은 단지 Standard Subdivisions와 기초법학에 관한 항목들을 전개하고 있고 341은 국제법을, 그리고 「342-347」은 국내법을 주제별로 구분한 항목들이며 348은 포괄적인 주제의 법률학문헌들을 법형식별로 구분·분류하기 위한 항목이다. 마지막으로 349는 포괄적인 주제의 법률학문헌들을 국가별로 분류하기 위한 항목이다.

이상의 내용들을 좀 더 구체적으로 살펴보면 다음과 같다.

341(국제법)에 있어서는 국제법의 대표적인 법형식인 조약과 판례를 부가표로서 세부적으로 열거해 놓은 다음, 국제법일반은 「341.026-」에, 세부주제법들은 「341.2-341.9」에 「026-」을 부가하여 분류하도록 하였고, 조약과 판례에 관한 이론문헌들은 국제법의 法源(341.1)에 분류하도록 조치해 놓고 있다. 국내법에 있어서는 먼저 큰 주제별 (342-347)로 대별한 다음, 지역과 무관한 세부주제법들의 경우 각 큰주제기호 (要目)하에서 「.01-.09」를 배정하여 형사소송법(345.05)의 예와 같은 방식으로 분류하게 되며, 국가별 주제법들은 원칙적으로 「342.3-342.9」와 같은 방식으로 국가구분을 한 다음 「.01-.09」의 세부주제기호를 부가함으로써 오스트레일리아선거법(342.9407)의 예와 같이 분류기호를 조합한다. 348에서는 「.01-.05」에 국내법에는 적용되지 않는 법형식인 조약을 제외한 1차법률정보(법형식)와 2차법률정보(Digest, 색인 등)를 열거하고 있는데, 먼저 법률, 판례 등 1차법률정보별로 구분한 다음 각 1차법률정보 아래에서 2차법률정보를 전개하고 있어서 법형식별로 관련 2차법률정보들이 모이게 되어 있다. 국별구분이 필요한 문헌은 「348.3-348.9」와 같이 구분한 다음 「.01-.05」의 형식구분기호를 부가하게 되어 있으며 주제별법들을 법형식별로 구분하려면 「342-347」하에 전개되어 있는 형식구분(부가

표)기호를 추가하게 된다. 즉 국내법에 있어서 「342-347」은 국가별, 주제별, 법형식별로 조합하여 분류하는 항목들이고 348은 주제와 무관한 문헌을 국가별, 법형식별로 조합하여 분류하는 항목이며, 마지막 349는 주제 및 법형식과 무관한 문헌을 국가별로 분류하는 항목이다. 또한 국제법은 341에서 주제별, 법형식별로 조합하여 분류하도록 되어 있음을 알 수 있다.

이와 같이 주제전개상황을 검토하기 전에 표조직체계와 조합방식을 먼저 살펴 본 것은 법률학분야가 다른 주제들과는 달리 지역구분과 형식구분을 주제구분 못지않게 중요한 구분요소 또는 전개요소로 삼고 있기 때문이다. 이 때 국내법의 경우는 현행 대부분의 문헌분류법에 제시된 바와 같이 주제 또는 법형식구분에 앞서 먼저 국가별로 전부 모으는 것이 바람직할 것으로 판단된다. DDC도 이러한 방식을 취하고 있기는 하나 다만 국가 또는 지역과 무관한 국내주제법을 취급한 문헌을 분류할 마땅한 분류항목이 없다는 것이 단점으로 지적된다.

이제부터는 법률학부문(340)의 세부적인 전개상황을 기초법학, 국제법, 국내법 등으로 대별하여 고찰하고자 한다.

기초법학분야는 340(법률학일반)에 전개되어 있는데 법철학(340.1). 비교법학(340.2) 및 법체계(340.3)등 단지 3개 항목만 나와 있으며 그나마도 구체적으로 세분되어 있지 않다. 기초법학에는 이 외에도 법사회학, 법해석학, 법사학, 법심리학, 법정책학, 종교법 등 많은 분야가 있다.

법체계(340.3)항목에는 현대의 대표적인 법세계인 대륙법체계와 영미법체계뿐만 아니라 동양법체계를 비롯하여하여 원시법, 고대법, 중세법 등 법사학분야에 포함되는 많은 항목이 포함되어 있다. 일반적으로 법체계에는 대륙법체계와 영미법세계를 비롯하여하여 경우에 따라서는 사회주의국가법체계, 동양법체계 등 현대의 법체계들을 수록하게 되며, 여기에 나와 있는 원시법, 고대법. 중세법과 같이 근대 이전의 법들을 한데 모아 법사학이라고 한다.

DDC의 법률학(340)에는 「표준세구분」의 내용이 각각의 큰 주제 하에 지시주로써, 아니면 본 표의 일부로 나와 있어서 이것을 적용하게 되면 각 국가법이나 각 주제법들의 「역사」에 해당하는 분류기호를 마련할 수 있다. 그러나 앞서 논급된 바와 같이 법사학(법학사, 법제사, 법사상사 등 포함)의 경우는 기초법학내에 별도의 독립된 항목을 설정하여 원시법, 고대법, 중세법 등을 분류하고 「각 국가법의 역사」나 「각 주제법의 역사」는 기초법학 쪽이 아니라 각각 해당 실정법 쪽에서 분류하는 것이 합리적이라고 할 수 있다.

종교법 또한 중요한 기초법학분야로서 외국의 경우에는 법과대학의 중요한 교과목 중의 하나로 설정되어 있을 정도이다. 그러나 DDC에서는 종교법을 종교류(200)쪽으로 이동시켜 기독교회법은 262.9에, 그 밖의 종교법은 290대에 분류하도록 되어 있다. 이렇게 볼 때 종교법은 기초법학영역으로 취급되어 법률학(340)쪽에서 분류하는 것이 보다 합리적인 조치라고 판단된다. 지금까지 논급된 종교법[62]은 현대사회에서의 종교행위에 관한 실정법(공법인 사회·문화법의 일종)과는 그 의미가 다르다.

그리고 법률개정(340.3)은 기초법학 중 법률체계에 속하는 항목이어서 학문영역으로 간주할 정도는 아니므로 「법률학일반」과 같은 항목을 인위적으로 설정하여 그 곳에 배정하는 것이 타당하리라고 보며, 섭외사법(저촉법: 340.9)은 국제법도 국내법도 아닌 제3의 법으로 규정되므로 보편적으로 대부분의 문헌분류표에는 국제법항목의 맨 마지막에 배정되어 있으나 DDC에서는 기초법학에 포함되어 있어서 적절치 않다고 본다.

국제법은 대체로 별무리 없이 전개되어 있으나 「국가」 항목의 경우 일반적으로 국제법(要目)의 하위항목(分目)으로서 맨 먼저 위치하

---

62) 본논문 pp. 16~7 참조.

여 승인, 소멸, 종류, 권리, 의무, 책임 등 비교적 자세하게 세분되어야 한다. 그러나 DDC에는 국가(分目)에 해당하는 독립항목이 없으며 단지 세계공동체(The World Community: 341.2)라는 항목에 포함되어 간략하게 나와 있다. 「세계공동체」 항목만 놓고 본다면 세계정부, 국제정부, 주권국가, 비주권단위공동체(식민지 등) 등 단계적으로 전개하고 있어서 논리적이라 할 수 있다. 또한 다른 대부분의 문헌분류표와 마찬가지로 「전쟁」을 「국제분쟁」에서 독립시켰다. LCC와 같이 국내법의 제 분야에 해당하는 전문분야별 국제법을 위한 독립항목(국제협력: 341.7)을 마련하여 국제경제법, 사회문화법, 국제형법 등 비교적 상세하게 구분·전개하고 있어서 장래에 대비한 흔적이 있어 보인다.

마지막으로 국내법에 있어서는 행정법이 독립된 要目이 아니라 헌법(要目)에 포함되어 있고 要目 343과 344에는 재정법 등을 비롯하여한 개별 행정작용법들이 적절히 분산·배치되어 있어 두 要目간의 뚜렷한 구별점을 발견할 수 없다. 또한 일반원리를 다룬 행정법(행정조직, 공무원법, 행정쟁송, 행정작용일반 등)이 거의 발견되지 않아서 단점으로 지적된다. 다만 행정쟁송만이 민사소송법(347)아래에 나와 있어서 영미법의 특성을 어느 정도 반영하고 있음을 알 수 있다. 대륙법계통에서 말하는 상법은 要目으로 설정되어 있지 않을 뿐 아니라 私法(要目)하에 아주 미미하게 나타나 있으며 해상법은 설정조차되어 있지 않아 역시 영미법 본위의 문헌분류표임을 알 수 있다. 민법부문도 대륙법계통처럼 물권, 채권 등으로 대별되어 있지 않고 세부항목들이 分目으로 전개되어 있을 뿐 아니라 신탁법을 비중 있게 취급한 것으로 보아 이 또한 영미법의 특징을 잘 반영하고 있는 부분이라고 할 수 있다. 파산법과 무채재산법이 소송법과 산업법이 아닌 私法에 포함되어 있어서 대륙법과는 많은 차이가 있는 것을 알 수 있으며 司法제도(재판법)는 별도의 항목이 마련되어 있지 않는 대신에 민사, 형사 양 측 항목에 적절히 그 내용들이 포함되어 있다.

다음은 DDC의 가장 큰 특징으로서 법률학분야의 특성을 잘 반영하고 있다고 판단되는 구분요소별 조합방식을 살펴보고자 한다. DDC의 법학부문은 문학·어학처럼 일정한 유형에 따라 전개되어 있는데 문학·어학의 전개유형은 주제와는 무관한 반면에 법률분야는 기본적으로 주제의 세분·전개를 토대로 한 다음 국별구분과 형식구분을 적절히 조합하는 방식을 취하고 있음을 알 수 있다. 여기에서 DDC 법학부문의 구분요소별 조합방식을 살펴보면 다음과 같다.

①: 34 (기본번호 Base no.)
②: 특정한 큰 주제법분야 법이론일반(340)과 국제법(341)을 제외한
   要目들
③: 특정한 큰 주제법분야의 하부주제; 각 분야법에서 "0"으로 시작
   되는 번호들이다.
   예) 형법분야를 가리키는 "5"(즉 345) 아래의 "05"(즉 345.05)
      는 형사소송법을 가리킨다.
④: 지역번호: 「T.2」에서 선택한다.

이들 4요소들을 조합하는 방식에는 다음과 같이 4가지가 있다.

[1] 원법: 기본번호+주제+지역+하부주제(Base no.+Subject+Jurisd-
   iction-Subject)으로서 ①+②+④+③순으로 조합하는 방식
   이다.
[2] 별법 1: 「342-348」은 특정국가에 할당하고 다른 모든 나라들은
   349에 배정하는 방식이다.
[3] 별법 2: 「기본번호+지역+주제+하부주제」으로서 ①+④+②+
   ③의 순으로 조합된다.
[4] 별법 3: 표준세구분(026)을 사용하여 법률을 주제별로 분산시키
   는 방식이다.

이상에서 살펴 본 바와 같이 DDC는 18판에서 Phoenix Schedule
을 통하여 법률학부문(340)의 내용과 전개가 완전히 일신된 후 거의
변화가 없었으며 저촉법을 기초법학에 포함시키는 등 일부 불합리하
게 전개된 부분이 있는가 하면 LCC 및 Moys법률분류법과 마찬가
지로 근본적으로는 영미법계통 위주로 전개되어 있어서 국제적인 보
편성이 결여되어 있다. DDC가 우리나라의 도서관에 가장 널리 채
용되는 대표적인 문헌분류표 중의 하나이지만 우리나라의 법체계가
대륙법계통에 속하기 때문에 연세대, 중앙대, 이화여대 도서관 등과
같이 DDC의 법률학부문(340)만은 그 사용을 의미하는 경향만 보아
도 DDC의 법률학부문(340)은 대륙법계통의 국가에는 말할 것도 없
고 사회주의국가법 계통에도 적용될 수 없음을 알 수 있다.

그러나 법률학(340)을 취급함에 있어서 지리구분과 법형식구분을
주제구분 못지 않게 중요하게 취급하여 상호 조합함으로써 분류기호
를 완성하도록 해 놓은 조합방식의 설정은 Moys법률분류법을 비롯
하여한 많은 법률학 전문분류법에도 나와 있는 것으로서 법률학분야
의 주제적인 특성을 잘 반영하는 요소라고 할 수 있다.

B. 미국의회도서관분류법(LCC)

LCC의 법률학부문(K)을 살펴보기 이전에 법률학에 관련된 문헌
분류표들의 편찬과정을 밝혀 보고자 한다. 이러한 것을 여기서 논급
하는 이유는 대부분 LCC의 법률학부문(k)과 직·간접적으로 연관성
이 있기 때문이다. 법률도서관들은 다른 전문 또는 특수도서관들에
비해 법률학 문전분류표의 필요성을 비교적 늦게 인식하게 되었다.
그 이유는 법률학분야의 문헌이 19세기 말 이후로 별로 증가하지
않았기 때문이다. 그리하여 법률도서관들은 1948년 Benyon이 시카

고대학을 위하여 편찬한 법률학 전문분류표[63]가 나오기 전까지는 주로 저자명의 알파벳순으로 서가배열하는 것이 고작이었다.

가장 최초의 법률학 전문분류법으로는 미법무부에서 편찬한 것[64]을 들고 있으나 널리 통용되지 못하여 잘 알려져 있지 않으며, 앞서 언급된 Benyon의 법률학 문헌분류표가 사실상 본격적으로 알려진 최초의 법률학 전문분류법으로서 LCC의 KF(미국법)가 나오기 이전까지는 미국을 대표하는 법률학 문헌분류법이었다. 그 후 LCC의 KF가 편찬되어 미국은 물론 캐나다까지 널리 보급되었으나 캐나다의 실정에는 적합하지 못하였으므로 Shin- Sheng Hu는 캐나다의 법률학도서간에 적합한 분류법을 변찬 하였는데[65] 이것은 LCC의 KF를 수정·보완한 것으로서 일명 「KF Modified」 또는 「KF Manitoba Adaptation」이라고도 한다. 1969년에는 LCC의 KF(미국법)와 LA County법률도서관을 위한 분류법[66]이 거의 동시에 편찬되었으며, LA County의 것은 그 후 1989년에 개정판을 출판하여 지금은 LCC에 버금가는 대표적인 미국의 법률학 문헌분류법이라고 할 수 있다.

한편 영국에서는 LCC의 KF가 출판되던 해인 1969년에 Moys가 법률학 문헌분류법[67]을 편찬하여 1982년에는 개정판이 나왔으며, 또한 케임브리지대학의 Squi-re법률도서관에서도 법률학 문헌분류법[68]

---

63) Elizabeth V, Benyon. *Classification. Class K. Law*. Printed as manuscript. Washington, Library of Congress. 1948.

64) U. S. Department of Justice. Library. *Tentative Law Classification Scheme with Annotations*. Washingtion, GPO, 1940.

65) Canada Parliament Library, *Class K, Law, Based on Law Library of Congress Classification Scheme*. Ottawa, Parliamentary Library, 1956.

66) LA County Law Library. *Los Angeles County Law Library Classification: Class K · Law*. 2nd ed. Los Angeles. Los Angeles County Law Library, 1965.

67) Elizabeth M. Moys. *Moys Classification Scheme for law Books*. 2nd ed. London, Butterworths, 1982.

68) Squire Law Library. *Squire Law Library Classification Scheme*. Cambridge, University of Cambridge, 1974.

을 편찬하게 되는데 지금까지 가장 활발하게 통용되는 것은 Moys법
률분류법이라 할 수 있다.69)

그리고 자체에서 사용하기 위한 법률학 문헌분류표로서는 Institute
of Advanced Legal Studies(London), European University Institute
(Florence), Swiss Institute of Comparative Law (Lausanne)의 것들을
들 수 있다.70)

이러한 문헌분류표들은 대부분 광범위하게 채용되기를 기대하면서
편찬된 것이 아니라 단지 LCC의 K(법률)부문의 미비에 따른 그것
의 대안으로서 등장한 것 들이다. 그리하여 자세도서관용으로 개발
된 몇 몇 법률학 문헌분류표들의 경우도 미국법은 LCC의 KF(미국
법)에 분류하고 외국법들은 대체로 사회과학분야를 비롯하여한 해당
주제에 분류하는 형편이었다. 그 대표적인 예로는 Knox Collge
Library의 법률자료문헌분류표를 들 수 있다.71) 그러나 LCC의 K(법
률)부문이 대부분 원성단계에 와 있는 지금에 와서도 예상과는 달리
상당히 활발하게 활용되고 있는 일부 문헌분류표들이 있어서 계속적
으로 개정판을 내고 있는 실정이다.

DDC가 대표적인 일반분류법이라면 LCC의 법률학 문헌분류법은
미국을 대표하는 법률학 전문분류법이라고 할 수 있다. 다만 LCC는
법률학분야 중 일부가 다른 주제에 분산된 경우도 있어서 엄밀하게
보면 완전한 전문분류표라고는 할 수 없다. Moys법률분류법은 영국
을 대표할 뿐 아니라 순수한 법률학 전문분류법이기 때문에 본 연구
에서 분석·평가대상으로 삼게 되었다.

---

69) Alva T. Stone and Jessie Tam. "Cataloging and Classification of Law
Materials: A Servery of Recent Literature." *Law Library Journal.* vol.83,
no.4(Fall 1991). p. 736.

70) *Ibid.,* p. 737.

71) Dennis Reynolds and Connie Capers Thorson. "A Scheme for the Temporary
Classification of Materials on foreign Law." *Library Resources and Technical
Services* vol.24. no.2(Spring 1980) pp. 129~134.

LCC는 1993년에 모든 주제를 망라하여 최신판을 발간하였는데 문헌분류표 전제는 49분책으로 이루어 졌다. LCC의 법률학부문(K) 은 다른 주제 분야에 비해 개발이 늦은 편이었다. 그. 이유는 첫째 법률학에 분류되어야 할 많은 법률학문헌들이 Matel's seven Points 의 분류방식에 따라 개개 해당 주제에 분류하였기 때문이며, 둘째 미국의회도서관에는 별도의 분리된 법률학문헌들을 분류함에 있어서 전통적으로 법형식에 따라 정리하였기 때문에 주제별분류는 그렇게 중요하게 여기지 않았었다.72)

LCC는 전체적으로는 일반분류표이지만 개개 주제분야별로 전문 가들에 의해서 편찬되었기 때문에 전문분류표라고 간주하여도 되는 문헌분류표로서 법률학(K)의 경우 다음과 같이 각 국가별로 제각기 별도의 문헌분류표를 마련하고 있는 것으로 보아 국가별로 법체계가 제각기 다르다는 것을 시사하는 것으로 판단된다. 지금까지 출판된 LCC의 법률분류표는 KF(미국: 1969)를 비롯하여하여 KD(영국: 1973), KE(캐나다: 1976), K(법률학일반: 1977), KK-KKC(독일: 1982), KDZ · KG-KH(아메리카, 라틴아메리카, 서인도제도: 1984). KJV-KJW(프랑스: 1985), KJ-KKZ(유럽: 1989) 등이 있다.73)

원래 법률학(k) 분야는 1953에서 1960년사이에 9개분야로 나뉘어 져서 사서들과 법률학전문가들에게 연구하도록 하였는데 그 내용은 다음과 같다.74)

1) German Law. 2) Roman Law, 3) History of German Law, 4) Cannon Law. 5) Chinese Law. 6) English Law, 7) Law of Japan, 8)

---

72) Lois Mai Chan. *lmmroth's guide to the Library of congress Classification.* 3rd ed. Littleton, Libraries Unlimited, 1980. p. 190
73) Alva T. Stone and Jessie Tam. "Cataloging and Classification of Law Materials: A Servey of Recent Literature." *Law Library Journal.* Vol. 83 No.4(Fall 1991), p. 732.
74) Lois Mai Chan. Op. cit., p. 191.

Classification of American Law(A survey), 9) Law of the United States

LCC의 기호체계는 대체로 알파벳대문자로써 강목까지 전개하고 있으나 법률학(K)의 경우는 예외적으로 알파벳대문자가 3자리까지 전개되어 있다. 이는 법률학의 경우 국제법과 기초법학을 제외한 국내법을 분류할 때 주제구분에 앞서 국가구분을 먼저 시도해야 하는 학문의 특성때문으로 연방국가들에 있어서는 역시 주제구분보다 지방국가(States)구분을 먼저 시행하기 때문에 3자리 수까지 전개하는 것이 불가피할 것이다.

LCC에는 도서기호에 적용되는 Cutter Number라는 것이 있어서 이 것을 주제의 세분수만으로 빈번히 채용하고 있는데 문학류를 비롯하여하여 법률학(K)에도 비교적 자주 사용되고 있음을 알 수 있다. 법률학분야 중 실정법분야는 모든 주제에 전부 관련이 있으므로 법률학부문을 엄밀하게 세분하려고 한다면 모든 주제 분야의 세부주제항목들을 전부 열거하여야 할 것이다. 그러나 그렇게 한다는 것은 불가능할 뿐 아니라 무의미하다. 다행히 실정법의 법률명들은 인명이나 지명에 버금갈 정도로 객관적이고 명료하기 때문에 Cutter Number를 부여하기가 비교적 용이하다는 사실로서도 Cutter Number가 법률학(K)부문에 자주 나타나는 중요한 이유가 될 수 있을 것이다. LCC는 대표적인 최대의 열거식분류법이기 때문에 Cutter Number의 장점은 최대한 이용한다는 의도는 좋지만 다만 Cutter Number는 도서기호개념이기 때문에 분류기호의 일종으로 취급되는 것은 바람직스럽지 못하다.

LCC에는 대체로 본 표내에 또는 필요할 경우 각 분책(주제)마다 별도의 형식구분표(보조표)가 마련되어 다른 문헌분류표들보다 자주 사용되고 있다. 특히 법률학(K)에 있어서 국내실정법의 경우는 주제구분보다 법형식(1차법률정보원}구분을 앞세워야 할 필요성이 있기 때문에 형식구분은 더욱 중요한 의미를 가진다고 할 수 있다. LCC 의 법률학분야에 전개되는 형식구분(보조표)는 일반주제에 적용되는 형식구분의 내용과 상당한 차이를 보이고 있는데 법형식구분(판례, 의회자료, 법률, 명령, 규칙 등)에 해당하는 항목들을 상세하게 열거하고 있음을 알 수 있다. 특히 판례를 상세하게 취급한 것으로 보아 영미법위주의 문헌분류표임을 알 수 있고 또만 의회자료(bill, reports 등)를 처리단계별로 전개한 것을 통하여 LCC는 의회에 소속된 법률도서관의 문헌을 분류하기 위한 문헌분류표라고 판단하게 된다.

다음은 분류표의 주제전개부분을 살펴보고자 한다.

기초법학부문은 K(법학일반)에서 상세하게 전개하고 있는데 그 가운데서 저촉법(Conflict of law)과 세계통일법(International uniform law)항목은 논의의 소지가 있다. 저촉법은 개념을 정립하기가 어려운 항목으로서 흔히들 국내법과 국제법의 중간 성격을 지닌 제3의 법이라는 주장이 지배적이기 때문에 항목의 위치를 정하기가 용이하지 않다. LCC에서도 그러한 점을 감안하여 우선적으로 국내법도 아니고 국제법도 아닌 기초법학부문에 설정하였다. 사실 저촉법에 관한 문헌들을 살펴보게 되면 실정법에 관한 것 뿐 아니라 저촉법의 세계적 통일, 저촉법의 선택, 저촉법의 조정 등 이론에 관한 것들도 많이 있으며 이러한 사실도 저촉법을 기초법학에 포함시키는 한 이유가 될 것이다. 국제통일법이란 모든 분야의 국제법이 빠짐없이, 그것도 하나로 통일되기를 바라는 내용의 이론분야이므로 기초법학부문에 배정한 것으로 판단되며 본 연구에서도 동일하게 조치하고자 한다. 한편 저촉법과 국제통일법 항목에는 주제별로 상세하게 전개해 놓는 등 미래에 대비한 흔적이 있어서 바람직스럽다고 할 수 있다. 그러나 장차 이러한 법들이 실제 전부 마련된다면 기초법학 쪽이 아니라 국내법이나 국제법 즉 실정법 쪽으로 옮겨 가야 할 것이다.

국제법은 그 전체가 정치(J) 아래에서 전개되어 있는데 법률학(K) 분야의 분류표편찬이 다른 주제 분야에 비해 늦어짐에 따라 정치학분야를 법률학분야보다 먼저 마련하는 가정에서 필요성에 의해 포함된 것으로 판단된다. 그러나 법률학분야 문헌을 전부 한데 모이게 한다는 의미에서 K(법률학)쪽으로 이동시켜야 할 것으로 판단된다. 국제법에도 저촉법이 나와 있기 때문에 결과적으로는 국제법과 기초법학의 양 측에 저촉법을 설정한 셈이 되는데 만약 한 쪽만 선택해야 한다면 국제법 쪽이 바람직할 것이다. 그 이유로서 저촉법은 본질적으로 이론분야이므로 기초법학에 포함시켜도 별 문제가 없겠지만 실정법이 점차적으로 많아지면 저촉법전체를 이론분야로 보기보다는 실정법분야로 간주하여야 하기 때문이다. 요컨대 저촉법은 대부분 다른 문헌분류표들과 만찬가지로 관련이 있는 실정법들과 함께 국제법에 배정하는 것이 타당할 것으로 판단된다.

마지막으로 가장 중요한 부문인 국내법을 살펴보면 각 법계통의 중요 국가별로 분리되어 있어서 모든 법계통을 망라하는 법체계를 보여 주지 못하고 있다. 더구나 독일과 프랑스를 제외하고는 대체적으로 영미법권에 속하는 나라들이기 때문에 전체적으로는 영미법세계의 문헌분류표라는 인상을 떨쳐 버릴 수 없다. 독일과 프랑스의 전개상황에 있어서도 대륙법계통에서 비중 있게 다루는 어음·수표법, 보험법, 해상법을 영미법체계에서와 같이 어음·수표법과 보험법은 아주 세부항목으로 취급하고 있을 뿐 아니라 해상법은 아예 항목조차도 발견되지 않는다. 법계통과는 아무런 상관이 없는 사항으로서 캐논법을 포함하는 교회법이 상의 항목으로 설정되어 있는데 법률학 전문분류표들을 비롯하여한 DDC UDC 등 서양의 문헌분류표들은 대체로 이와 같이 종교법을 비중 있게 취급하고 있다. 그렇기는 하지만 종교법의 경우 현행 국내실정법은 아니기 때문에 기초법학속에 설정하는 것이 옳을 것이며, 그러할 경우 국내실정법에 속하는 종교적 활동법은 문화·예술관련 公法에 포함되어야 할 것이다. 또한 종교법을 중요하게 취급하는 것은 합리적이라고 할 수 있으나 유독 기독교(Christianity)만 중점적으로 취급하고 있어서 국제적인 보편성이 결여되어 있다.

이상에서 볼 때 LCC는 영미법계통의 국가들을 비롯하여하여 독일. 프랑스 등 몇몇 주요국가들의 국내법을 제각기 별도로 마련하고 있어서 국내법의 경우 각 국가별로 제각기 다른 법체계를 갖추고 있다는 것을 시사하고는 있으나 모든 법계통을 망라하는 통합전개표를 갖추고 있지 않을 뿐 아니라75) 그나마 대표적인 대륙법계통 국가인 독일과 프랑스의 국내법 전개상황에서도 대륙법계통의 법체계를 제대로 보여 주지 못하고 부분적으로는 영미법체계를 따른 흔적이 있는 등 영미법계통의주로 전개된 문헌분류표라고 할 수 있다.

또한 LCC는 다른 주제 분야도 마찬가지지만 보편적으로 분류표 전개상에서 계층관계를 전혀 고려하지 않을 뿐 아니라 형식구분에 속하는 항목들조차도 주제와 함께 본 표상에 전개되어 있어서 혼잡스러운 면이 없지 않다. 국제법의 경우는 JK의 기호로 정치학(J)쪽에 나와 있는데 법률학(K)쪽으로 한데 모을 필요가 있으며 저촉법이 법률학일반(k)과 국제법(JK)의 두 곳에 동일하게 들어 있어서 문제점으로 지적된다. 또한 국내법 쪽에 분류해야 하는 문헌 중에는 국가나 지역과는 상관없는 특정 주제법을 취급한 해설서, 주석서 등의 문헌들도 존재하므로 국내법에 있어서는 모든 국가의 법체계를 합리적으로 통합한 문헌분류표가 반드시 마련되어야 할 필요가 있다고 본다.

---

75) 문헌의 내용이 특정 법계통이나 국가를 대상으로 하지 않으면서 국내법의 범주에 속하는 2차법률정보(해설서 등 이론문헌) 등도 존재하기 때문에 모든 법계통을 망라하는 전개표가 필요할 것으로 판단된다.

C. Moys법률분류법

Moys법률분류법은 원래 대학의 Law School Library와 같은 학술 전문도서관을 위해 고안 된 문헌분류법으로서 영국을 비롯하여한 영 연방국가에서는 법률도서관의 경우 DDC도 어느 정도 채용되고 있지만 이것이 널리 통용되는 대표적인 법률학문헌분류법이다. 1969년에 초판이 발생된 후 1982년에 2판이 발행되었는데 특히 2판에는 유럽공동체(EC)[76]법을 구체적으로 전개한 표를 수록하였다. 그 동안 다른 문헌분류표를 사용하고 있었던 영국의 법률도서관들도 영국이 EC에 가입한 후 대체적으로 Moys법률분류법에 따라서 재분류를 바라고 있는 형편에 있다.

Moys법률분류법은 서문에서도 밝히고 있듯이 거의 전적으로 영미법계(common law system)를 기반으로 한 것이며,[77] 다른 대부분의 법률전문분류표들과 마찬가지로 국내실정법의 경우 국별구분을 앞세운 다음 법형식(법률, 판례, 조약 등)별로 구분하고 있는 것이 특징이다. 가장 주목할 만한 것은 색인으로서 시소러스의 체제를 취하고 있는데 가능한 한 BS 5723(1979)의 형식(format)을 좇아서 NT. BT. RT. Scope Note 등 표현기법을 다양하게 구사하고 있다. 오늘날 온라인 열람목록(OPAC)이 점차 보편화되어 감에 따라 색인어를 수단으로 하여 해당 분류기호를 탐색하는 환경에 이르렀으므로 프로그램개발수준에 따라서는 상하위개념, 연관개념 등을 용이하게 훑어볼(browsing)수 있는 실마리를 제공할 수도 있다. 바로 이러한 점, 즉 수준 높은 색인을 갖추고 있다는 것이 Moys법률분류법의 최대장점이라고 판단된다.

---

76) 오늘날에는 유럽공동체를 유럽연합(EU: Europe Union)이라고 한다.
77) Elizabeth M. Moys. *Moys Classification Scheme for Law Books*. 2nd ed. London: Butterworths, 1982. p. 1.

　Moys법률분류법은 조직체계가 LCC와 아주 흡사하여 시각적으로는 혼잡스러운 느낌이 들기도 하지만 일반분류표의 한 부분(법률학부문)이 될 수도 있도록 융통성 있게 편찬되어 있다. 또 하나의 큰 특징은 복합주제와 복수주제의 합리적인 처리를 위하여 DDC와 동일한 방식의 조합기호를 사용하고 있는 것으로서 법률학분야의 특성상 유용한 수단이라고 생각된다.

　먼저 여기에서는 Moys법률분류표의 개요(Synopsis)를 제시한 다음 그 구체적인 내용들을 살펴보고자 한다.

<표 17> Moys법률분류표의 개요(Synopsis)

SYNOPSIS

K		JOURNALS AND REFERENCE BOOKS	340
	1-28	Journals	.01
	29-39	Bibliography	.02-4
	80-90	Law libraries, librarianship	.05
	100-107	Legal writing, publishing	.06
	110-114	Abbreviations, etc	.07
	120-126	Dictionaries, etc	.08
	150-166	Directories	.09
KA		JURISPRUDENCE	340 .1
KB		GENERAL AND COMPARATIVE LAW	340
	10-22	Biography, memoirs, etc.	.31-5
	30-35	Legal miscellany	.37
	40-66	Populer accounts	.4
	100-250	Comparative law	.5 -.6
KC		INTERNATIONAL LAW	341
	10-65	Primary materials	.11-6
	71-76	Reference materials	.17
	80-86	General Works	.19
		Public international law	
	100-136	General, history, theory, etc	.2-.23
	140-199	The state	.24-.31

200-208	Civil rights	.33
210-219	International criminal law	.35-9
220-239	International economic law	.4-.43
240-242	Social laws	.44
245	Atomic energy	.448
250-259	Transport, communications	.45-.46
260-277	International maritime law	.47-.48
280-284	Outer space	.49
300-339	International relations, diplomacy, Treaties	.5
340-1199	International organizations	.6
1200-1319	International disputes, courts etc	.7
1350-1425	war	.8
2000-2150	Conflict of laws	.9

KD	**RELIGOUS LEGAL SYSTEMS**	342
		.1
10-39	General	.2
60-89	Jewish law	.3-.6
100-590	Christian churches	.7
600-650	Islamic law	.8
700-780	Hindu law	.9
800-980	Others	
		343
KE	**ANCIENT AND MEDIEVAL LAW**	
		.1
5-20	General	.2
21-29	Ancient New East	.3
30-95	Hellenistic law	.4
100-250	Roman law	.5
251-300	Byzantine law	.6
310-340	Other ancient European systems	.7
350-380	Medieval and pre-Napoleonic law	.8
400-480	Roman-Dutch law	.9
500-540	Others	.11-6

KF-KN	**COMMON LAW**	344-347
	Primary materials	344
KF	British Isles	
KG	Canada, US, West Indies	

| KH | | Australia, New Zealand | |
| | | Treatises | |

KL		General	345
	1-36	Legal system	.1
	40-44	Legal dictionaries and encyclopedias	.03
	50-119	Legal profession	.06
	130-149	Legal education	.07
	155-179	Legal research, law reform	.08
	200-319	Administration of justice	.2-.7
	400-480	Legal history	.8-.9

KM		Public law	346
	1-29	general	.01
		Constitutional and administrative law	
	31-141	General	.1-2
	171-259	Citizens, government	.3
	300-307	Administrative law	.4
	331-359	Public finance	.5
	361-391	Local government	.6
	400-416	Military law	.7
	500-565	Criminal law and procedure	
		General, crimes	.8
		Criminal procedure, law	.9
		enforcement	

KN		Private law	347
	(1)-(4)	Conflict of law(alternative)	(.01)-(.4)
	10-25	Contract, agency	.1
	30-39	Tort	.2
	50-103	Property	.3
	150-198	Persons and social laws	.4
	200-235	Equity	.5
	250-349	Commercial law	.6-.8
	350-399	Practice and procedure	.9

OTHER MODERN LEGAL SYSTEMS

| KP | Own country(optional alternative) | 348 | |
| KR | Africa | 349 | .6 |

KS	Latin America	349	.8
KT	Asia and Pacific	349	.5
KV	Europe	349	.4
KW	European Communities(alternative)		
KZ	NON-LEGAL SUBJECTS		

Tables

I	Primary materials
II	Subjects of law
III	Dates
IV	Common law jurisdictions
V	Courts
VI	Special legal forms and topics
VII	Persons
VIII	Non-legal forms and treatments
IX	European Communities law

Appendices

1	Criminology
2	Nigerian States

Moys법률분류법은 LCC의 표조직체계를 거의 그대로 따른 것으로 판단되므로 LCC와 마찬가지로 주열거식 분류법이라고 할 수 있기 때문에 본 표내에 있는 특정주제의 세분·전개상황을 다른 주제에도 동일하게 적용하도록 하는 장치인 특수주제구분(DCC의 "divide like …")을 한 곳은 거의 없고 세분·전개가 필요한 곳은 전부 동일한 세부항목들을 되풀이해서 열거하고 있다. 그러나 LCC와 같은 일반분류표가 아니기 때문에 그렇게 하더라도 분류표의 분량이 방대해 지지 않아 특수주제구분을 해 놓은 것보다 문헌분류표사용이 훨씬 편리하다고 할 수 있다.

법률학은 주제를 기초법학, 국제법, 국내법으로 대별할 수 있기 때문에 문헌분류표를 전개하는 경우 이러한 3구분이 맨 먼저 이루어져야 한다. 그러나 Moys법률분류법에는 기초법학에 해당하는 법학연구방법 및 법사학(KL), 종교법(KD) 그리고 고대 및 중세법(KE)이 국제법 뒤에 나오는 등 분산되어 있을 뿐 아니라 법철학 등 기초법 학분야에 속하는 중요한 내용들이 빠져 있다.

기초법학의 내용들은 KA(법률학)에 법사회학 등 일부, KB에 법학일반과 비교법, KL155-179의 법학연구방법, KL400-480의 법사학, 그리고 기초법학에 속한다고 할 수 있는 KD(종교법), KE(고대 및 중세법)가 있다. 특히 KB의 비교법을 보면 사법통일론, 관습법, 법률단체, 식민지법 등 전체적으로는 전혀 개념이 잡히지 않을 정도인데 사법통일은 사법일반, 관습법은 기초법학, 법률단체는 법률학일반 식민지법은 국내법에 제각기 포함 되어야 타당할 것으로 판단된.[78]

「법률학일반」에 해당하는 내용들도 여러 곳에 분산되어 있는 것을 알 수 있다. Moys법률분류법은 LCC와 마찬가지로 주열거식분류법이기 때문에 특정주제마다 「법률학일반」 항목들이 열거될 수 있다고 본다. 그러나 모든 주제법에 열거되어 있는 「법률학일반」의 내용들은 거의 서로 비슷해야만 하나 Moys법률분류법에는 「법률학일반」에 해당되는 항목들 중 일부만 그것도 제각기 다른 항목들이 열거되어 있는 실정이다. K(잡지와 참고자료)에 K80-90(법률도서관・법률문헌정보학)과 K100-107(법률문안작성법・법률문헌출판), MA(법률학)에 「법률학과 다른 주제와의 관계」 및 법학교육, KB(법률학일반과 비교법)에 전기, 법률잡문헌, 법률일화(재판 등) KL(영미법일반)에 KL50-149(법률전문직, 법률학교육) 등 분산되어 있는데 이러한 것들은 한데 모을 필요가 있다.

Moys법률분류법에는 외적형식에 관한 보조표가 2개 마련되어 있다. 1차법률정보원의 법형식(법률, 판례, 조약 등)을 비교적 상세하게 열거하고 있는 보조표 1(Primary Materials)과 2차법률정보원을 비롯하여하여 외적형식에 해당하는 항목들(사진, 전집, 서지, 정간물 등)을 열거하고 있는 보조표 8 (Non-legal forms and treatments)이

---

78) 본논문 p. 108 참조.

그것으로서 보조표 8의 경우 외적형식 뿐만 아니라 「법률학일반」에 포함되어야 할 내적형식(전기, 단체 등)도 일부 포함되어 있으며, 또한 법률학문헌을 분류하고자 할 때에 꼭 필요하다고 생각되는 항목인 다이제스트, 리뷰, 주석서, 비평서 등이 빠져 있어서 단점으로 지적된다. 그 뿐 아니라 보조표 8이 있음에도 불구하고 그 내용들이 각 주제에 산발적으로 열거되어 있어서 필요 시 모든 주제에 공통적으로 적용하려고 마련해 놓은 보조표를 유용하게 활용하지 못하고 있는 것으로 판단된다.

이상에서 논급한 내용들을 요약 정리해 본다면 다음과 같이 말할 수 있을 것이다, 즉, Moys법률분류법은 기초법학분야, 법일반분야, 2차법률정보의 형식구분 등이 뒤섞여 기초법학은 KA. KB, KL에, 그리고 법률학일반분야는 K. KA, KB, KL에, 마지막으로 2차법률정보의 형식구분들 조차도 K, KA, KB, KL에 분산되어있는 것이 단점이라고 판단된다.

앞서 논급되었듯이 Moys법률분류법의 경우도 국제법과 국내법의 실정법부문에 있어서는 먼저 국별(또는 법계통별)구분을 한 다음 크게 1차법률정보원(법률, 판례, 조약 등)과 2차법률정보원으로 구분하고 있다. 그리고 2차법률정보원은 세부주제별로 구분해 놓고 있어서 특별한 문제가 없다. 또한 1차법률정보원의 경우도 K(국제법)의 10-15와 KF-KN(영미법) 등에 적용하도록 마련된 보조표(Primary Materials)가 비교적 상세하게 잘 나와 있어서 바람직하다고 할 수 있으나 한 가지 문제점으로 지적되는 것은 단지 법형식에 의한 구분만 하도록 되어 있을 뿐, 2차법률정보원처럼 주제구분을 하는 장치가 마련되어 있지 않다는 것이다. 물론 1차법률정보원들은 특정국가의 판례집, 법령집 등과 같이 주제구분 없이 전집의 형태를 취하는 경우도 많이 있겠지만 단행법전 등과 같이 주제법단위로 편찬된 문헌들도 어느 정도 존재한다고 볼 때 2차법률정보원과 마찬가지로 반드시 주제구분표를 마련하여 법형식 구분을 먼저 하든지 아니면 주제구분을 먼저 하든지 하여야 할 것이다.

다음은 기초법학 일부를 제외한 국제법 및 국내법에 대한 주제전개상의 문제점을 중심으로 살펴보고자 한다.

국제법(KC)은 LCC와 마찬가지로 각 주제 영역별법들을 비교적 상세하게 열거하고 있는데 이러한 법들은 시간이 경과함에 따라 점차 증가될 것이므로 적절한 조치라고 할 수 있다. 국제법의 세부항목들을 배열하고자 할 때에는 국가법, 국제조직, 국제분쟁 등 전통적, 기본적인 법들을 앞세우고 각 주제 영역별법들을 뒤에 두는 것이 합리적이다. 그러나 여기서는 「기본적인 국제법」 사이에 주제 영역별법들이 배치되어 있어서 불합리하다고 판단된다. 즉 KC140-208(기본적인국제법), KC210-284(주제 영역별국제법), KC300-1425(기본적인국제법)의 순으로 배열되어 있다. 그리고 국제법 일반은 일차적으로 국제법의 법원(조약, 국제관습법. 국제법규 등)에 관한 이론문헌들을 취급하여야 하는데, 국제법일반(KC80-86)에 국제관습법만 나와 있으며 특히 「조약이론」이 국제관계·외교와 함께 KC300-339에 들어 있어서 불합리하다고 판단된다.

기초법학 중 종교법(KD)과 고대·중세법(KE)을 주류로 독립시킨 것은 주목할 만하지만 다른 기초법학분야들과 함께 있지 못하고 국제법(KC)뒤에 배치한 것은 바람직스럽지 못하다. 고대·중세법(KE)은 서양 중심으로 전개된 것처럼 보이지만 사실 동양의 경우 중세 이전에는 실정법이 그렇게 많지 않았기 때문에 문제가 되지 않는다. 종교법의 경우 몇 몇 중요한 종교들만 세분·전개해 놓고 나머지 종교들은 종교명만 간략하게 나와 있어서 보편성이 없는 것으로 판단된다. 다만 KDC나 NDC의 종교공통구분과 유사한 방법으로 각 종교에 공통적으로 적용할 수 있는 주제구분표(내부표)를 설정해 놓은 것은 유용한 수단이라고 판단된다. 그 내용을 전개하면 다음의 <표 18>과 같다.

<표 18> 종교법에 적용되는 세부영역표79)

.1	교회(사찰)조직 · 운영
.2	교회(사찰)재산
.3	성직자 · 승려
.4	신도 · 신자
.5	선고 · 포교
.6	의식 · 제전
.7	형 법
.8	사 법
.82	채 권
.84	재 산
.86	가족법 · 상속
.9	법정 · 소송법

국내 실정법의 경우 먼저 영미법을 분류하기 위한 방안으로서 세분된 주제법까지 본 표에 열거하고 있고 기타 다른 국가들은 보조표 2 (법률의 주제: Subject of law)를 적용하여 주제별법들을 분류하도록 하고 있는데 이들 두 가지 구분 즉 영미법주제구분과 기타 다른 국가들을 위안 주제구분이 거의 유사하기 때문에 Moys법률분류표는 내용상 다분히 영미법을 중심으로 하는 문헌분류표라는 것을 재차 확인할 수 있게 된다.

국내법은 1차적으로 국내법일반(KL), 공법(KM), 사법(KN)으로 대별되어 있는데 사법제도 · 재판법(Administration of Justice)이 국내법일반에 포함되어 있어 불합리하다고 판단된다. 사법제도 · 재판법은 본질적으로는 公法에 속하지만 형법 · 형사소송법(公法) 및 민사소송법(私法)과 밀접한 법으로서 가급적이면 그것들과 가까이 두는 것이 바람직하다. Moys법률분류법의 경우 먼저 공법과 사법으로 대별하였기 때문에 근본적으로 민사소송법(私法)과 너무 떨어지는 것을 염려한 것 같은데 그렇게 본다면 국내법을 먼저 공법과 사법으

---

79) Elizabeth M Moys. *Moys Classification Scheme for Law Book*. 2nd ed. London: Butterworths. 1982. p. 53.

로 대별한 것 자체가 실용성을 감안하지 않은 조치라고 생각되며 그렇더라도 엄연한 실정법을 다른 이론부문과 함께 공업 또는 사법이 아닌 국내법 일반에 포함시킨 것은 불합리한 조치이다.

행정법은 크게 기본법(공무원법, 행정조직법 등)과 개별행정작용법(公法)으로 대별되며 개별행정작용법에는 산업·경제법, 사회법(교육·문화 포함), 기타 제공법(재정, 국방, 경찰 등 질서행정) 등이 있는데, 산업·경제법의 법영역은 상법의 법영역과 내용이 상당히 중복되기 때문에 자본주의 국가들을 위한 분류표라면 대체로 산업·경제법을 생략하거나 간단하게 취급하고 대신 주로 상법 쪽에서 분류하면 별 문제가 없을 것이다. 그러나 사회주의국가들은 상법개념이 거의 없기 때문에 주로 산업·경제법 등에서 분류할 수밖에 없을 것이다. 만약 자본주의 법체계와 사회주의 법체계를 통합한 문헌분류표라고 한다면 산업·경제법과 상법 양측 모두 세분·전개되어 있어야 하겠으나 Moys법률분류법은 상법만 세분·전개해 놓았을 뿐 산업·경제법은 언급조차 없다. 따라서 Moys법률분류법은 자본주의법, 그 중에서도 주로 영미법위주의 문헌분류법이라고 할 수 있겠다. 질서행정법(경찰, 소방, 방재, 민방위 등)이 한데 모여 재정, 국방등 행정관련법과 가까이 있어야 바람직한데 Moys법률분류법에는 경찰법만 나와 있으며 그것도 형법 및 형사송법에 포함되어 있어서 단점으로 지적된다.

형법·형사소송법의 경우 본 표 외에도 부록에 형사학(Criminology)이라는 세분표를 마련해 놓고서 필요할 경우 법률학(KA),비교법학(KB), 공법(KM)에 포함시켜서 활용하도록 되어 있는데, KM400-416에 있는 형법·형사소송법은 실정법에 관한 문헌을 분류하기 위한 것이고 부록 1의 형사학은 순수이론분야라고 판단하여 분리시킨 것 같으나 내용이 상호 겹치는 부분(범죄종류, 행형학 등)이 있기도 하거니와 헌법, 抵觸法(Conflict of Law). 사법제도 등에는 실정법부문 뿐만 아니라 이론 부문도 많이 포함되어 있기 때문에 군이 형사학만 이론

분야라고 하여 실정법인 형법·형사소송법과 분리시킬 필요까지는 없
다고 판단된다.

　私法은 대륙법계통에서 민법과 상법으로 대별하는데 Moys법률분
류법의 경우「민법」이라는 용어가 일체 나오지 않을 뿐 아니라「채
권」이라는 용어조차도 나타나 있지 않는 것으로 보아 역시 영미법
위주의 분류표라는 것을 알 수 있다.

　저촉법은 개념정의가 난해한 항목이기 때문에 현행 문헌분류표들
의 경우 대체로「국제법」쪽으로 그리고 일부는「국내법」쪽에 배정
해 놓고 있으며, Moys법률분류법도 이러한 점을 감안하여 LCC와
같이 양축 모두에 설정해 놓고 양자택일을 할 수 있도록 조치한 것
으로 판단된다.

　KN150-198에 나와 있는「사회법」과「산업법」은 私法보다는 오히
려 공법에 속한다고 할 수 있는데 여기서는 KN(私法)에 포함되어 있
다. 또한 산업법에는 대표적인 산업법이라고 할 수 있는 노동법만 포
함되어 있을 뿐 1차, 2차, 3차산업의 분야별 법들은 나와 있지 않다.

　유럽공동체법이 보조표 9에 아주 자세하게 나와 있어서 영국에서
는 Moys법률분류법의 효용도를 더 높이는 결과를 가져 왔는데 유럽
공동체(EC)는 Steiner의 주장처럼 다른 국제기구(조직)와는 달리 하
나의 연방국가개념으로 보는 것이 타당하다고 본다.80) 만약 국제적
으로 통용되는 문헌분류법이라고 한다면 유럽공동체의 세부주제별법
항목들을 별도로 구비할 필요까지는 없으나「지리구분표」내에 유럽
공동체에 해당하는 항목을 설정해 놓아야 할 것이다.

　이상에서 보는 바와 같이 Moys법률분류법은 개요표에 나와 있는
바와 같이 국내법에 있어서 법계통별 또는 대륙별로 별도의 전개표
를 마련해 놓고서 한결같이 1차법률정보(법형식)와 2차법률정보(해

---

80) W. A. Steiner. "Some Problems of classification in International and
　　comparative Law." *International Journal of Legal Information* vol.10.
　　no.6(December 1982) p. 322.

설서, 색인 등)로 구분한 다음 주제전개를 시도한 것으로 보아 본질적으로 DDC의 구분요소별 조합방식과 유사하다는 것을 알 수 있다. 그러나 법형식에 의한 구분 다음에 주제구분을 하는 장치가 마련되어 있지 않아 큰 단점으로 지적된다. 기초법학을 비롯하여하여 국제법의 세부항목들이 일관된 원칙이 없이 분산·전개되어 있는 부분들이 많으므로 표조직체계와 주제전개에 있어서 앞서 논급된 DDC와 LCC를 포함하는 3가지 문헌분류법 중에서 가장 혼잡스러운 문헌분류법이라고 할 수 있다. 또한 LCC, DDC와 마찬가지로 영미법계통 위주로 전개되어 있어서 국제적인 보편성이 결여되어 있다. 요컨대 이악 같은 대표적인 문헌분류법들은 다분히 영미법계통 위주로 전개되어 있어서 국제적인 보편성을 구비하지 못하였다고 할 수 있다.

Ⅲ. 법률학분야 문헌분류표의 새로운 전개

이 장에서는 제1장에서 현대 법률학분야의 체제에 대하여 고찰한 내용과 제2장에서 현대의 주요한 법률학분야의 문헌분류법을 분석한 결과를 토대로 하여 현대의 법률학체계에 부합되는 합리적인 새로운 문헌분류표를 전개하고자 한다.

그 전개에 있어서는 현대 법률학의 체계에 따라 법률학분야를 우선 기초법학, 국제법, 국내법으로 크게 구분하여 각각 순서에 따라 전개하고자 한다.

한편 문헌분류표의 전개에 있어서 기호체계는 처음의 주류에 대해서는 알파벳대문자(단, I. O. W는 제외)를 사용하고, 각 주류의 강목 이하에서는 아라비아숫자기호를 사용하고자 한다. 그 이유는 우선 알파벳문자와 아라비아숫자기호는 문헌분류에 있어서 분류기호가 갖추어야 할 기본적인 구비조건으로서 순서의 명확성, 간결성, 단순성. 조기성, 신축성, 국제적 통용성 등을 모두 갖추고 있고, 특히 본 연구결과 법률학분야에 대하여 설정된 주류의 수가 10개는 넘고 26개 미만이며, 각각의 주류 하에서 전개되는 강과 목 또는 그 이하 세목들의 항목수는 대체로 10개 미만이므로 기호의 간결성을 유지할 수 있기 때문이다.

A. 기초법학부문

기초법학은 법률학 전반에 걸친 학문적 기초를 다루는 분야인 동시에 실정법을 위한 이론적인 기반이 되는 분야로서 여기에는 우선 법률학일반, 법철학, 법사학, 법률학교육, 법률학연구방법, 법학과 다른 주제와의 관계, 법해석학, 법사회학, 비교법학, 법심리학, 법비평, 법정책학(입법학), 법의학, 법의 분류, 종교법 등이 이에 속한다. 뒤에 가서 <표 19>에 나오는 세부항목들 가운데 법률학분야의 전기, 법률학교육, 법률학과 다른 주제와의 관계, 법률학도서관, 법률의 개정, 소급법·임시법, 법률일화, 법률학문헌출판 항목은 Moys법률분류법을 비롯하여하여 LCC와 DDC의 법률학 관련 부문을 살펴보고 유용한 것들이라고 판단되어 추출한 것이다. 여기서 법률학과 다른 주제와의 관계, 법률문안작성법, 법률학문헌출판은 Moys법률분류법에만 나와 있는 것이고 법률학도서관은 DDC와 Moys 법률분류법에, 그리고 나머지 항목들은 3가지 분류법에 공통적으로 나와 있는 항목들이다. 이들을 분류표상에 전개하는데 있어서는 다음과 같은 기준에 따라 배정하고자 한다.

우선 법률학일반, 법철학, 법사학, 법률학교육, 법률학연구방법, 법학과 다른 주제와의 관계는 법률학분야의 특성과는 무관한 항목일 뿐만 아니라 다른 주제 분야에서도 공통적으로 나타나는 사항이므로 이들을 대체로 이 순서대로 앞자리에 배정하고 이들 각각의 항목 하에서 필요에 따라 세분·전개하고자 한다.

둘째로 법해석학, 법사회학, 비교법학 등은 법률학의 특성보다는 법률학일반에 관한 사항이므로 그 뒤를 이어 배정하고자 한다. 여기에서 법해석학을 앞세운 이유는 이것이 넓은 의미로는 법사회학과 비교법학을 포괄하는 상위개념이라고 볼 수 있기 때문이다. 또한 비교법학을 법사회학 뒤에 둔 것은 다음에 배정할 법의 분류와 매우

밀접한 항목이기 때문이다.

셋째로 법의 분류, 종교법, 법정책학일반, 법비평, 법심리학일반 등은 법률학의 특성에 근거한 것들이므로 가급적 뒤에 차례대로 배정하고자 한다. 여기에서 법정책학일반, 법비평, 법심리학일반 등은 그들의 성격상 순서의 선후는 별문제가 되지 않기 때문이며, 종교법을 맨 뒤에 둔 것은 현행 주요 문헌분류법들의 관례에 따른 것이다.

이상에서 제시한 기준에 따라 기초법학부문의 문헌분류표를 새로이 전개하면 다음 <표 19>와 같다.

<표 19> 기초법학부문의 새로운 문헌분류표

A   기초법학(법률학일반: Law general)
            법학통론 또는 개론 등을 여기에 분류한다.

A1   법철학(Philosophy of law)
            자연법(법규범학포함)은 「법의 분류」 하에서 분류한다.

A11   법리학(법률철학) Legal principles
A12   법의 본질(The Essence of law)
A13   법의 의무(The Duty of law)
A14   법의 정신(The Spirit of law)
A15   법가치론(Legal valuation)
A16   법세계론(세계통일법론) International uniform law
A17   법실증주의(Legal positivism)

A2   법사학(Legal history)
A21   법제사일반(Legal history general)
            「법학사」를 포함한다.
            필요에 따라 지역구분, 주제구분 또는 시대 구분한다.
A22   중세 이전의 법(Ancient and Medieval law)
A221   원시 법(Primitive law)
A222   고대 근동법(Ancient near East law)
A223   Hellenistic법(Hellenistic law)
A224   로마법(Roman law), 비잔틴법(Byzantine law)
A225   기타 고대유럽법(게르만법 등) Other ancient European law
A226   중세 및 나폴레옹 이전의 유럽법(Medieval and Pre-Napoleonic European law)
A227   Roman-Dutch법(Roman-Dutch law)
A228   동양법(Oriental law)
A23   법분류별 분류(Classification of law)

	「법의 분류」 항목과 같이 세분한다. 예) 영미법제사 A23B411
A24	각 국가별 법(Jurisdictional law)
	「지리구분표」를 적용한다. 예) 독일법제사 A24.14
A25	각 주제별 법(Special subjects law)
	실정법(국제법 및 국내법)과 같이 세분한다.
	예) 전쟁법제사 A25C53, 해상법제사 A25S38
A3	법사상사(History of legal thoughts)
A31	동양법 사상사(History of Oriental legal thoughts)
A32	서양법 사상사(History of European legal thoughts)
A33	막스·레닌주의법 사상사(History of Marxism legal thoughts)
A4	법률학분야의 전기(Biography)
A5	법률학교육(Legal education)
	Law school을 포함한다.
A6	법률학연구방법(Research methods of law)
A7	법률학과 다른 주제와의 관계(Relationships with other subjects or disciplines)
A71	법과 종교(Law and religion)
	법과 도덕(Law and morality). 법과 규법(Law and critrion)을 포함한다.
A72	법과 국가(Law and state)
	법과 사회(Law and society), 법과 정치(Law and politics)를 포함한다.
A73	법과 인간(Law and mankind)
A74	법과 정의(Law and Justice)
B	기초법학(법률체계: Jurisprudence)
B1	법해석학(Interpretation of law)
	자연법해석(법규범학)은 「법분류」 하에서 분류한다.
B11-12	해석대상(The Object of interpretation)
B11	개념법학(성문법) Conceptional jurisprudence
B12	자유법학(불문법) Liberal jurisprudence
B13-15	해석방법(Interpretation mothods)
B13	유권해석(Authoritative interpritation)
	입법해석(Regisrative interpretation), 법해석(Judical interpretation),
	행정해석(Administrative interpretation) 등을 포함한다.
B14	학리해석(Doctrinal interpretation)
	문리해석(Grammatical interpretation), 논리해석(Logical interpretation)등을 포함한다.
B15	법전해석(제정법의 해석) Statutory interpretation

B2   법사회학(Sociology of law)
B21   법과 여론(Law and public opinion)
B22   법과 공공정책(Law and public policy)
B23   사회심리학(Social psychology)
B3   비교법학(Comparative jurisprudence)
           법계통별, 국가별, 법분류별, 주제별, 시대별 등에 의하여 비교·대
           조된 법을 분류한다. 또한 2개 또는 그 이상의 법을 통합하는 것
           을 내용으로 하는 문헌도 여기서 분류한다 이 때 비고 대조된 두
           가지의 법을 상호 조합하여 기호를 완성한다.
B4   법의 분류(Classification of law)1)
           「성문법과 불문법의 비교」는 「비교법학」 하에서 분류하고 여기서
           는 「법의 분류」항목에 열거되어 있는 개개 항목의 이론문헌을
           분류한다.
B41   법계통(Legal system)
B411   대륙법(Civil law system)
B412   영미법(Common law system)
B413   사회주의 국가법(Socialistic law system)
B414   종교중심국가법(Religious law system)
B42   자연법(법규범학 포함) Natural law, 실정법(The Positive law)
B43   성문법(Written law), 불문법 Unwritten law(판례 Case. 관습법 C
           ustomary law)
B44   공법(Public law), 사법(Private law)
B45   실체법(Substantive law), 절차법(Objective law)
           원칙법(기본법), 예외법(부속법)을 포함한다.
B46   고유법(Native law), 계수법(Adopted law)
B47   강행법(Imperative law), 임의법(Dispositive law)
           일반법, 특별법을 포함한다.
B48   조직법(Organizing law), 행위법(Actual law)
B49   시민법(Civil law). 사회법(Social law)
B5   종교법(Reigious legal systems)2)
           <각 종교법에 적용되는 세부주제표>
           .1 교회(사찰)조직 운용 Church organization government
           .2 교회(사찰)재산 Church property
           .3 성직자·승려 Clergy·Monks

---

1) 국내법과 국제법은 해당 항목(국제법 기본번호: C, 국내법 기본번호: D)이
   뒤에 별도로 나오므로 여기서는 제외시켰다.
2) 본 논문 pp. 16 17 및 각주(1장 29) 참조.

B. 국제법부문

이 절에서는 제 I 장 C절에서 논급된 바 있는 국제법에 관한 내용과 현행 문헌분류법의 국제법부문 전개내용을 토대로 하여 국제법분야에 대한 분류표를 새로이 전개하고자한다.3) 국제법(C)항목의 주기사항으로 나와 있는 「국제관계」와 「외교관계」는 단순히 국제관계나 외교관계를 취급한 문헌을 분류하기 위하여 인위적으로 설정해 놓은 항목으로서 이것을 포함하고 있는 현행의 문헌분류표들도더러 있다. 「국제법의 법원」에서부터 「국제조직」까지의 세부적인 항목전개는 주로 박관숙의 「국제법」에 나와 있는 내용을 토대로 하되 제I장 C절에서 논급된 현행 문헌분류법의 국제법 전개내용도 참고한 것으로서 이 가운데 「국제법의 법원」을 제외한 나머지 항목들은 전통적, 기본적인 국제법들이라고 할 수 있다.

전문영역별 국제법(C8)은 노동법, 지적소유권법 등 원칙적으로는 국내법의 영역에 속 하지만 이미 국제법학 되었거나 아니면 앞으로 국제법과 될 것에 대비하여 국내법의 제 영역에 해당하는 「D-V」까지를 「특수주제구분」하라는 지시주를 마련하여 필요시에 조합할 수 있도록 조치한 분류항목으로서 새로이 究案된 것이며, 「저촉법관련법」에 관한 내용은 제1장 C절 3항에 구체적으로 논급되어 있으므로 여기서는 논외로 하고자 한다.

한편 분류항목의 배열순서는 다음과 같은 기준에 의한다. 즉, 「法源」은 특정주제법과 관련이 없는 이론분야이기 때문에 총류(선행류)의 성격이 강하므로 문헌분류표 편찬 관행상 맨 앞에 배정하였고 「국가」에서부터 「국제조직」까지의 기본적인 국제법들은 발생 또는 발전순서에 따랐으며, 「전문영역별국제법」과 「저촉법관련법」은 국내법과의 연관성이 강하기도 하지만 본질적으로 국내법에 해당하는 항목들

---

3) p.10 <표 3> 및 pp. 23~31 참조.

도 있기 때문에 맨 뒤에 배정하였다.

이상에서 제시한 바에 따라 국제법부문의 문헌분류표를 새로이 전
개하면 다음 <표 20>과 같다.

<표 20> 국제법부문의 새로운 문헌분류표

C   국제법(International law)
         「국제관계・외교관계」는 여기에서 분류한다.
         「지리구분표」를 적용한다. 이 때에는 「C」가 기본번호가 된다.
         예) 미국과 독일의 외교관계 C.72.14
         국제법범주 내에서의 주제별 국제관계법(…조약, …협정 등)은
         국제법의 개별법에 해당하는 분류기호를 기본번호로 한 다음
         지리구분기호와 조합하는 방식을 원법으로 한다.
         예) 한일합병조약   합병＋조약＋한국＋일본
                          C2301.38.39 → 원법
                          합병＋한국＋일본＋조약
                          C23,38.3901 → 별법

C1   국제법의 法源(Sources of international law)
         여기서는 이론・해설문헌만 분류하고 법형식 그 자체는 보조표
         를 이용한다.
C11   조약(Treaties)의 명칭, 영식, 체결. 유보. 변경, 확인. 연장, 경신,
         부활, 소멸
C12   국제관습법(International customary law)
C13   판례(Case)
         판례일반→ B53
C14   일반원칙(General principles of law)
C15   국제법규(International regulations)
C16   국제예양(International courtesy)
C2   국가(The Nation)
C21   승인(Approval)
         국가의 승인, 정부의 승인(국가원수승인포함), 교전단체의 승인
         등을 포함한다.
C22   종류(Kinds)
         주권국(독립국). 종속국(식민지 등), 피보호국, 국가연합(일시적
         조직), 연합국가, 동군연합, 영연방. 영세중립국, 바티칸시국 등
         을 포함한다.
C23   소멸(Extinction)
         합병, 병합, 분열, 분할 등을 포함한다.

C24   권리(Rights)
                주권, 평등권, 교통권. 명예권, 자위권 등을 포함한다.
C25   의무 Duties(Responsibilities)
                내정불간섭, 불침략의무 등을 포함한다.
C3   국제관할(International territory)
C31-34   공간(Physical entity)
C31   국가영역(National domain)
C311   영토(National territory)
C312   영수(Bodies of water)
                   내수(하천, 운하, 내해, 내항. 만), 영해(해협, 대륙붕, 접속수
                   역, 경제수역) 등을 포함한다.
C313   영공(Territorial airspace)
C314   국경지역(Frontiers)
                   비무장지역을 포함한다.
C32   公海(High seas)
                항해, 상공비행, 자원보호(어업, 오염, 심해저개발), 해상충돌 등
                을 포함한다.
C33   해양법(Maritime law)
                해양법은 공간 중 해양과 관련된 항목들을 한데 모은 것을 의
                미한다.
C34   우주공간(우주법) Outer space
C35   사람(공민권) Human rights
                국제적 보호, 소수민족, 난민, 노예, 기타 비정상인 등을 포함한다.
                국적법, 재외법, 외인법 등은 「저촉법관련법」 하에서 분류한다.
                그리고 국가영역 내에서의 외국선박, 외국항공기의 주둔에 관
                한 것도 「외인법」에 포함시킨다.
C4   국제교섭상의 국가기관(Diplomacy)
C41   외교사절(Diplomats)
                대사, 공사, 대리공사, 기타 구성원 등을 포함한다.
C42   영사(Consuls)
                총영사, 영사, 부영사, 기타 구성원 등을 포함한다.
C43   주유(주둔)군대 Stationary troops
C44   치외법권(Privileges, Immunities)
C5   국제분쟁(International disputes)
C51   평화적해결(Peaceful settlement)
                국제사법재판, 국제중재재판, 국제조정(국제연합, 국제조정위원
                회), 명화관련법(명화·강화조약, 군비축소: 핵무기등) 등을 포
                함한다.
C52-54   강제적해결(settlement by legal force)

C52   보복(Retaliation)
                정치적제재. 경제적제재 등을 포함한다.
C53   전쟁(War)[4]
C531   방법(Methods)
                  선언, 최후통첩, 적대행위 등을 포함한다.
C532   효과(외교관계 등) Effect
C533   종류 Kinds
                  육전, 해전, 공전 등을 포함한다.
C534   포로(Prisonal of war)
C535   점령, 봉쇄(Military occupation, seal off)
C536   중립(Neutrality)
                  전쟁에 참가하지 않은 국가의 전쟁에 대한 국제법상의 지위를
                  그 내용으로 하며 「국가종류」의 「중세중립국」하고는 그 개념이
                  다르다.
C537   전쟁법규위반에 대한 제재(Sanction against violation of war law)
                  전범재판 국제조직에 의한 제재 등을 포함한다.
C538   전쟁종료(War termination)
                  항복, 휴전 등을 포함한다.
C539   전쟁원화수단(War relief)
                  제네바협정, 적십자 등을 포함한다.
C54   집단 안전보장(Collective Security)
                  일반적 집단안전보장, 지역적 집단안전보장 등을 포함한다.
C6   국제조직(International organizations)[5]
                국제회의를 포함한다.
C61   일반적 국제조직(General international organizations)
                  국제연합. 국제연맹. ASEAN, CENTO, OAS 등을 포함한다.
                  EU는 연방국가로 간주하여 국내법에서 분류한다.
C62   전문적 국제조직(Special international organizations)
                  국제연합의 각 전문기구, NATO, SEATO, WTO, AIEA,
                  OECD, APEC, OPEC. ILO 등을 포함한다.
                  전문적 국제기구는 「C-V」와 같이 주제구분할 수도 있다.
                  예) 국제사판재판소   C62C51. INTERPOL C62M2
C7   전문영역별 국제법(Special subjects of international law)
                국내법영역(D-V)과 같이 세분한다.
                예) 국제노동법 C7k1, 국제노동판례집 C7K103. 국제노동법
                해설 C7K105
                국내법의 제 영역에 해당하는 국제법의 국제관계는 「전문영역
                별 국제법」의 분류기호를 기본기호로 한 다음 국내법의 제 영
                역에 해당하는 분류기호를 첨가하는 방식을 취한다.

예) 한미행정협정 전문영역별 국제법＋행정법＋협정＋한국＋미국
　　C7F01.38.72→원법
　　전문영역별국제법＋행정법＋한국＋미국＋협정
　　C7F.38.7201→별법
여기서는 현재 국제법으로서 비교적 활발한 법들을 열거한다.
해사·항공, 통상법(무역 등 국제거래법), 차관·원조법, 상사중
재법, 통산매매법, 공업소유권법, 저작권법, 노동법, 환경법, 원
자력법, 국제법죄(하이재킹, 국제케러, 마약, 대량살상, 범죄인
인도 등)

C8	저촉법(Conflict of Law)

섭외사법(Private international law)은 여기서 분류하고 준섭외사
법은 DDC처럼 국내법에서 취급한다. 필요 시 「지리구분표」를 적
용하고 또한 국내법 영역(D-V}과 같이 세분한다.
예) 미국의 저촉법 C8.72 미국의 국제형법(저촉법) C8.72V

C81　　　　　 저촉법의 세계적 통일(Uniform conflict law). 조정·조화(Arbitrati
　　　　　　　on), 실정법의 선택(Choice of law)
C82-84　　　 국내법(저촉법의 법원) National law as the sources of conflict of
　　　　　　　law)
C82　　　　　 국적법(Nationality·Citizenship)
　　　　　　　　국적법은 국내법의 「헌법·국가법」 하에서 분류할 수도 있다.
C821　　　　　 취득(Acquisition)
　　　　　　　　출생, 귀화(망명, 귀순, 이민등), 결혼, 입양, 복적, 국가영역의
　　　　　　　　변경 등을 포함한다.
C822　　　　　 상실(Loss)
　　　　　　　　이탈 박탈 등을 포함한다.
C823　　　　　 이중국적(Dual nationality)
C824　　　　　 무국적(Statelessness)
C83　　　　　 외인법(Aliens)
　　　　　　　　외국인투자법, 합영법은 국내법의 「경제·산업법」 하에서 분
　　　　　　　　류할 수도 있다 외국선박· 외국항공기, 외국인투자법, 합영
　　　　　　　　법. 난민 등도 포함한다.
C831　　　　　 출입국(Entrance to and exit from national domain)
C832　　　　　 지위(Status)
C833　　　　　 재산(Property)
C84　　　　　 재외법(Law about citizens dwelling in foreign)
　　　　　　　　형법, 민법, 소송법 등을 포함한다.

---

4) 「전쟁」은 관련문헌이 많기 때문에 헌행 문헌분류법들처럼 상위항목으로 배
　정할 수도 있다.

C. 국내법부문

이 절에서는 제I장 D절에서 분석된 각 법계통별 법체계를 근거로 하여 국내법에 공통적으로 적용될 수 있는 세분표를 전개하고자 한다.

대륙법체계를 가지는 나라나 영미법체계를 유지하는 나라들은 민주주의 법치국가이기 때문에 법률의 종류가 다양하고, 사회주의 국가들은 통제체제 국가이기 때문에 법의 종류가 비교적 단순한 편이나 사회주의 국가들도 앞으로 필연적으로 개방체제 국가로 전환된다는 것을 전제로 하여 이에 대비해야 할 것이다.

그리하여 국내법에 대한 문헌분류표는 세계적으로 통용될 수 있는, 그리고 합리성과 보편성을 가지는 것이 되어야 할 것이다. 그러기 위해서는 이상의 세 가지 법계의 다양한 법규법들을 가급적이면 모두 수용하도록 하였으며 동일개념으로서 속하는 곳이 다른 법규범들의 경우에는 가급적 양자택일을, 그리고 동일개념으로서 법계통별로 표현이 다른 법들은 가능한 한 동의어로서 같은 항목에 포함시키는 등의 방식과 기준을 적용하여 통합된 체계로 전개하고자 한다.

그리하여 우선 국내법의 세분 전개표를 변성하기 위한 근거자료를 도출하기 위한 방편으로 제I장 D절에서 분석하여 통합적으로 체계화한 대륙법계, 영미법계 및 사회주의국기법계의 세 가지 국내법체계를 대비하여 표형식으로 나타내면 다음 <표 21>과 같다. 다음의 표를 작성하는데 있어서는 상호 비교가 용이하도록 가급적 영미법체계에 맞추어 전개하고자 하였으므로 이 과정에서 사회주의법체계의 행정법은 불가피하게 여러 군데 나뉘어 지게 되었다.

---

5) 현존 모든 국제기구들을 전부 열거하여야만 완전한 전문분류표가 된다.

<표 21> 계통별 법체계의 전개항목 대비표

영 미 법 체 계	대 륙 법 체 계	사 회 주 의 법 체 계
헌 법 · 행 정 법	헌 법	국 가 법
통치구조: 황실, 입법, 사법, 행정 국민의 권리·의무·자유 선거법 지방정부(헌법)	헌법학 입법학 헌법전 국왕, 입법, 사법, 행정 국민의 권리·의무 선거·정당 지방 재정 황실법 연방주의 헌법재판소	헌법전 최고권력기관 및 행정기관 선거제도 지방권력기관 및 행정기관
행정조직	행 정 법	행 정 법(1)
행정조직 공무원 행정절차 지방정부(행정)	행정조직 공무원 행정절차: 행정소송, 행정심판, 행정구제 지방자치 행정작용일반	행정조직 공무원 행정기관통제
재 정 법		재 정 법
예산 및 지출 화폐·외환 국가수입: 조세, 전매, 기타수익사업 공공재산: 국고, 공물, 공기업, 천연자원 지방재정	재정: 예산, 지출, 화폐 조세, 관세, 전매 공공재산: 공물·영조물, 공기업 국채, 지방채, 외채 공용징수, 공용부담 지방재정일반	예·결산, 국고지출 외환 국고수입: 세입, 기타 공용사업 기업채권 은행, 회계
기 타 제 공 법		행 정 법(2)
국방(퇴역장병포함) 공공안전: 경찰, 소방, 방재, 무기등 보훈 외무행정	국방, NATO참여, 비상사태 경찰, 소방, 방재, 위험물취급, 공공안전, 국내치안유지	행정관리: 국방, 외사, 공안, 민정, 민병, 출입국관리

산업 · 경제법	기타제공업	경 제 법
경제활동법: 소비자보호 기업활동지원, 가격통제, 기업규제(독점금지, 부당경쟁방지)	경제 · 산업법 정부통제: 가격 · 독점 · 부당경쟁방지 등 공익사업	
산업법 1차산업 물과 에너지 제조업, 식품업 건설업 상업 · 무역 교통	농림, 수산, 광업, 에너지 제조업, 식품업 건설업 상업 · 무역 · 외환 교통 · 수송: 육상, 해상, 항공, 창고, 관광	농림 공업 건설 상업 · 무역(관세포함) 교통 · 운수 · 우편
커뮤니케이션: 우편, 통신, 방송, 신문 등	커뮤니케이션 금융: 은행, 신탁, 증권, 보험 무채재산법: 공업소유, 저작권 공해, 기상	
		경제특별구법 합영 · 합자법 외자 · 화교자본기업 국영농장
사회 · 문화법	사 회 법	노 동 법
노동	노동	노동조합 국가사회보험 노동계약 등
사회보험 · 사회복지, 건강 · 환경 · 위생 · 의료 · 약(음식 · 알코올 포함) · 동물보호, 교육 · 문화 · 스포츠 · 오 락 · 종교	후생: 사회보험, 사회 복지, 의사, 약사, 수의사, 공공위생 교육 · 문화 · 스포츠 · 과학 · 기술 · 종교 · 예술	행 정 법(3)
		사회관리; 사회보장 등
		교육 · 문화 · 과학 · 예술
		자 원 보 호 법
		토지법 · 광산법 · 삼림법 · 수자원법 · 수산자원법
		집단생산주체

		집단농장(콜호즈) 인민공사 농업생산합자사
人　法	민　법	민　　법(1)
자연인, 법인	자연인, 법인	총론; 자연인, 법인, 대리, 　소멸시효 등
		가　족　법
가족법, 신분법	가족, 친족, 신분법	가족법(혼인법 포함)
재　산　법		민　　법(2)
동산·부동산의 　소유·점유 무채재산: 저작권, 　디자인보호, 특허, 　상호, 상표 상속법 신탁법	재산법(소유, 점유, 부동산) 물권법, 담보물권법 상속법	소유권(국가, 집단, 개인) 저작권 발명권 발견권 상속법
계약·불법행위		
계약, 준계약, 불법행위, 대리	채권법: 계약, 사무관리, 　부당이득, 불법행위	채권법: 계약, 국가보험, 　현상광고
상　　법	상　　법	
영리의 기업·조합 상거래 은행·보험 유통증권: 어음·수표 권리증권: 주식·채권	회사법: 주식, 사채, 　회사정리 등 상행위법 보험 유가증권: 어음·수표 해상법: 해상보험 등 상업법원 및 소송법 상사특별법	
재판법·절차법	사법·소송법	재　판　법
일반: 증거, 법률구조 등 법원행정·조직·운영· 　구성원 형사소송법	 사법제도 사법행정(소송절차일반 포함) 형사소송법	사법제도: 법원조직, 　변호사, 검찰, 공증 형사소송법(증거 포함)

민사소성법: 조정, 중재, 　화의, 보상 행정소송법	민사소송법 　강제집행(파산·화의·경 　매, 회사경생) 　가사심판·인사소송 　비송사건수속 　민사조정·중재 　소송비용	민사소송법 재판(민사·형사) 법의학
형　　법	형　　법	형　　법
형사학(소년범 포함) 행형 범죄 형벌	형법총론 형사정책·소년범· 피해자학, 형사보상법 행형·교정 범죄학, 각종범죄유형 형벌(보안처분 포함) 특별법(경제, 노동, 　선거, 조세, 균형법)	형법총론(반혁명죄 포함) 형사정책(교정노동법 　포함) 형부소법(행형학) 범죄수사학(감식·흔적· 　검증 등)

　어떠한 주제 분야도 마찬가지이지만 법률학분야 역시 특정항목에 관련된 내용들이 불가피하게 분산 배치되는 경우가 허다하다. 예를 들어 계약의 경우 기본적으로는 민법에 포함되지만 다른 세부 법항목 가운데 계약과 직접적으로 관련된 항목들이 상당히 많은 것을 알 수 있다. 또 다른 한 예로서 보험의 경우 「보험일반」은 상법 하에, 해상보험은 해상법 그리고 사회보험은 사회법 하에 배치시키고 있을 뿐 아니라 심지어 공무원연금보험은 사회보험에 포함되지 않고 행정법의 공무원법에 나와 있다. 이러한 경우 예를 들어 노동법 하의 근로계약을 분류하고자 할 때에는 「근로계약(노동법)」과 「계약법일반(민법)」을 조합하는 방식을 취하고자 한다.

　동일한 주제나 내용의 법이라도 개인과 개인간의 문제를 다루면 민법이고 기업대 기업 또는 기업대 개인간의 문제를 취급하게 되면 상법에 해당된다. 본질적으로 대부분의 상법내용은 경제·산업법(공법)에 포함시킬 수도 있지만 자본주의국가들 특히 대륙법계국가들을 위하여 경제·산업법(공법)에 포함되어 있는 「상행위」 관련법들을 상법에서도 구체적으로 열거해 놓음으로써 양자택일 할 수 있도록 조치하고자 한다. 국적법, 상속법, 무채재산법 등 동일개념으로서 그 배열위치가 문헌분류표들마다 제각기 다른 항목들은 가급적 「양자택일」 할 수 있도록 조치하고자 한다.

국내법(실정법)은 국가별로 제각기 다른 체계를 가지고 있으므로 우선적으로 이용측면을 고려한다면 모든 국가의 법률학문헌들을 고르게 소장하고 있는 대규모 법률학도서간을 위해서는 국별분류가 선행되어야 할 것이다. 이러한 사실은 목록편성규칙에도 규정되어 있는데 각종 「편목규칙」을 보면 「한국·헌법」과 같이 주제보다도 국가구분을 앞세우고 있음을 알 수 있다. 따라서 본 연구에서는 국내법의 경우 가능한 한 먼저 각 국가별로 구분한 다음에 주제 또는 다른 구분요소별로 세분하고자 한다. 대표적인 법률학 전문분류법 중의 하나인 「*Squire Law Library Classification Scheme*」에서도 지역(jurisdiction)-형식(form)[6]-주제(subject)라는 3종류의 기본패싯(facet)에 의거하여 조합하게끔 되어 있으며,[7] 「jurisdiction-subject-form」의 유명으로도 조합할 수 있도록 조치하고 있다. 이와 같이 국내 실정법에 있어서는 지역이나 법형식도 주제 못지않게 중요한 구분요소가 되기 때문에 단지 주제의 세분·전개만으로는 만족할 만한 문헌분류표가 될 수 없고 이 세 가지 요소를 합리적으로 조합하게 될 때 비로소 보다 유용한 문헌분류표가 될 수 있을 것으로 판단된다.

이미 제II장에서 논급된 바 있듯이 DDC에 있어서 법률학부문의 구성요소별 조합방식이 합리적인 방안이라고 판단되므로 이를 준거로 삼아 국내법의 조합방식을 결정하고자 한다.

---

6) 「형식」은 「법형식」을 의미하며 이것에 관한 내용은 제III장 D절의 보조표 (pp. 123 123)에 구체적으로 나와 있다.

7) Elizabeth M. Moys. *Manual of Law Librarianship.* London, the British and Irish Association of Law Librarians. 1976. p. 572.

본 연구는 전문분류표의 창안을 목적으로 하고 있기 때문에 DDC
에 나와 있는 4가지의 조합방식 중 「별법 2」를 「원법」으로, 그리고
「별법 1」을 「별법」으로 삼고자 한다. 대부분의 기존 전문분류표나
LCC 등 일부 일반분류표들도 법이론일반(기초법학)과 국제법을 제
외한 국내실정법에 대해서는 주제구분을 하기 이 전에 지역구분을
앞세우고 있는 것에서도 알 수 있듯이 국내실정법을 찾는 일반이용
자들은 "어느 나라의 무슨 법" 그것도 가능한 최신자료를 찾는 경우
가 많을 것으로 판단되기 때문이다. 또한 실제 법률문헌 가운데는
한 국가의 실정법 전체를 수록한 법령집. 판례집 등이 gms하게 존
재하기 때문에 이러한 문헌의 합리적인 분류를 위해서도 「별법 2」가
가장 적합한 조합방식이라고 할 수 있으며, 이때에 실정법인 경우라
면 주제에 앞서 형식구분기호를 추가로 조합하도록 한다.

한편 DDC에서는 법률학항목 전체를 지칭하는 「34」를 기본번호로
삼은 다음 국별구분을 하고 있으나 엄밀하게 본다면 이 중에서 실정
법이 아닌 「기초법학」은 제외시켜야 하므로 본 연구에서는 국내법의
경우 「국내법일반(D)」이라는 분류항목을 설정하여 기본번호로 사용
하고 국제법의 경우 「국제법(C)」을 기본번호로 사용함으로써 국내법
과 분리시키고자 한다.

그리고 다음에 나와 있는 몇 몇 법들의 경우 각 문헌분류표들마다
국제법 혹은 헌법 등 포함되는 위치가 각기 다른 특수법들로서 이러
한 법들은 국내법의 범주에 포함시켜서 「국내법일반」에 분류하고자
한다. 그 이유는 아래에 제시되는 각 항목에 상세하게 논급되어 있
다. 여기서 「국내법일반」이란 국내법내에서의 총류(선행류)개념으로
서 개개 주제법에 포함시킬 수 없는 세부법들을 분류하기 위하여 인
위적으로 설정해 놓은 항목들이다.

그러한 특수법에 해당하는 법들을 열거하고 설명하면 다음과 같다.

① 비상사태관련법(전시, 계엄, 혁명, 내란, 긴급조치): 이러한 비상사태가 발생하면 모든 국내법의 적용이 평시와 다를 수도 있기 때문에 특정주제법에 포함시킬 수 없다. 전쟁법은 기본적으로는 국제법의 영역에 속하고 계엄법은 DDC 17판까지 요목으로 할당 될 정도로 비중을 가진 항목이었다.

② 식민지법(보호령법 등 포함): 기본적으로는 국제법(국가의 종류)의 성격이 강하나 특정국가의 식민지를 대상으로 한 국내법 전반에 관한 사항이 이에 해당될 수 있는 법이다. Benyon이 창안한 법률전문분류표인 『The University of Chicago "K" Classification』에서는 식민지들을 지배국가의 한 지방으로 취급하고 있다.8) 그러나 이를 경우 특정 지배국가와 해당 식민지들을 지리적으로 하나로 결합하기가 곤란하므로 불합리해 보인다.

③ 보통법(Common Law): 판례법이라고 하면 일반적으로 이것을 일컬으며 여기서는 이론·해설 문헌을 분류하기 위한 항목이고 법원(법형식)으로서 취급될 때는 「형식구분」에 포함시킨다. 보통법과 형평법은 대표적인 판례법이지만 일반적으로 영미법계 국가들의 국내판례법을 지칭하기 때문에 「국내일반법」에 두게 되었다.

④ 형평법(Equity Law): 보통법과 함께 판례법의 일종으로서 보통법의 결함을 보완하기 위하여 성립되었으며 여기서는 보통법과 동일한 용도로 적용된다. 미국에서는 계약법이나 국제법 등의 개별법영역에 흡수되어 자취를 감춘 상태이다.

⑤ 준섭외사법: 미국 등 연방국가에서는 각 지방국가들마다 제각기 독립된 저촉법(섭외사법)을 마련해 놓고 있는데 이것을 준섭외사법이라고 하며, 각 국의 저촉법들은 이것에서 발전된 것들이다. 준섭외사법은 특정국가에 안정된 것이기 때문에 국제법적 성격이 약하므로 국내법에서 취급하기로 하고 또한 특정지방국가의

---

8) Elmer B. Hess "A study of the Classification of Legal Materials in the Law Library of Library of Congress. the Los Angeles County Law Library, and the University of Chicago." *Law Library Journal* vol.69. no.1(February 1976) p. 35.

국내법전반에 해당하기 때문에 「국내법일반」에서 취급하고자 한
다. 국제법은 적어도 주권국가나 국가연합을 그 대상으로 삼기
때문이다.

다음은 앞서 제시된 <표 21>의 내용을 토대로 하여 주류를 설정
하였는데 그 기준은 다음과 같다.

먼저 2개 이상의 법체계에 공통적으로 설정되어 있는 주류를 추
출하여 선정하였다. 그러나 뒤에 나오는 <표 22>에 제시된 주류 중
에서 재판법·절차법(사법제도, 민사소송법 등)과 형법의 경우는 그
세부내용들을 면밀히 분석하여 법적인 성격이 유사한 것끼리 서로
모아 사법제도, 민사소송법, 형법·형사소송법으로 재구성하였다. 민
법은 그 내용이 방대하여 세분하기로 하되 대륙법체계를 따라서 人
法. 재산법(물권법), 채권법으로 구분하였으며, 3분법체계에서의 사회
법에 해당하는 것들은 크게 경제·산업법, 사회법, 교육·문화·기술
법, 사회법(좁은 의미), 무채재산법 등으로 구분하였다. 그리고 기본
적 행정법과 사회법(넓은 의미)에 속하지 않는 공법들은 「기타공법」
이라고 하였다. 한편 사회주의법체계의 특성도 살린다는 취지에서 「집
단생산주체」를 독립된 주류로 설정하고자 한다.

이상에서 설정된 주류(인위적으로 설정한 「국내법일반」 포함)를 정
리하여 열거하여 보면 국내법일반, 헌법, 행정법, 재정법(공공재산 포
함), 경제·산업법, 무채재산법(지적소유권법), 사회법, 교육·문화·
기술법, 가타공법, 집단생산주체, 人法, 재산법(물권법, 소유권법), 재
권법, 상법, 司法제도, 민사소송법, 형법·형사소송법 등이 된다.

앞으로 전개될 국내법관련 세부법들의 배열순서는 다음과 같은 기
준에 의거하고자 한다.

우선 문헌분류법 항목전개의 관례에 따라 「국내법일반」을 맨 먼저
배정하였다. 그리고 주제법들 중에서는 모든 법의 기본이 되는 헌법
을 맨 앞에 설정하고자 하며 여기에는 헌법전을 비롯하여하여 통치

구조, 선거 등 정치에 관련된 모든 법들이 포함된다. 기본적 공법인 행정법(행정조직등 기본법)과 재정·공공재산법을, 그리고 뒤이어 행정법과 직접적으로 관련이 있는 제 영역별 행정작용법(산업법. 사회법, 문화·교육법 등)들을 배정한다. 그 다음 私法(민법, 상법), 사법제도, 민사소송법, 형법, 형사소송법의 순으로 배열하고자 한다. 또한 가급적 절차법보다는 실체법을, 그리고 특별법(단행법)보다는 일반법(일반법전)을 앞세우기로 한다.

이상에서 국내법 일반, 대륙법체계, 영미법체계, 사회주의국가법체계를 면밀히 대비하여 분석한바 만약 이들을 각각 별도로 전개하여 해당하는 기호를 부여한다면 대륙법계, 영미법계, 사회주의법계 등 각 법계별로 통합된 3원적인 국내분류표가 될 수 있을 것이다. 그러나 더 나아가서 이들 세 가지 국내법체계를 다시 통합하게 되면 이들을 모두 합리적으로 수용할 수 있는 새로운 국내법체계가 정립될 수 있다. 그리하여 이들을 통합하여 표형식으로 제시하면 다음 <표 22>와 같다.

<표 22> 국내법부문의 새로운 문헌분류표

D   국내법의 기본번호(**Base no.**), 국내법일반(**National law general**)

*국내법의 기본번호(Base no.)

국내법에 있어서 특정국가나 지역에 국한된 법률학문헌은 다음과 같은 조합방식을 취한다. 이 때 기본번호(Base no.)로는 「D」를 취하며, 형식구분기호를 부여할 필요가 없는 경우에도 반드시 기본번호(D)와 지역구분기호를 앞세운다.

① 원법 기본번호＋지역＋형식구분＋구제법

예) 영국인사소송판례집 D.1104U

한국형법전 D.3802V

1차법률정보(판례·법률 등)는 가급적 「원법」을 택한다.

② 별법: 「D-V」는 특정국가에 할당하고 다른 모든 나라들의 국내법들은 별도로 배정하는 방식이다.

그리고 「法院구분표」를 활용한 예는 다음과 같다. 이 때는 판례에 한정된다.

예) 미국 대법원판례집 D.7204.10

미국형법판례집 D.7204.40→원법, D.7204V-별법

*국내법일반(National law general)

「D1-D4)의 항목들도 특정지역이 국한된 것일 경우 개개 주제별 법과 같이 국내법의 기본번호(D)를 앞세우는 조합방식을 따른다.

예) 일본의 식민지법 D.39D2 일본의 한국에 대한 식민지법 D.39D2.38

D1	비상사태관련법(Emergency law)
	전시, 계엄, 혁명, 내란, 기타 긴급조치 등을 포함한다.
D2	식민지법(Colonies)
D3	보통법. 형평법(Commnon law, Equity law)
	이론 해설문헌을 분류한다.
D4	준섭외사법(Domestic conflict of law)
E	**헌법. 국가법(Constitutional law. National law)**
E1	헌법학일반(Constitution general)
	헌법전을 포함한다.
E2	국법학(국가학)일반 Theory of nation general
E3	주권·국체·정체(Sovereignity·National polity·Government system)
E4	국민의 권리·의무·자유(Rights, duties, freedom of citizens)
E5	통치구조(Structure of government)
	국왕, 입법, 사법, 행정을 포함한다.
E6	연방주의(Fedralizm)
	왕실법을 포함한다.
E7	지방정부(Local government)
E8	정당·선거법(Political review system)
E9	헌법법률심사제도(Judical review system)
F	**행정법(Administrative law)[9]**
	여기서는 일반적 원리만을 다룬 기본법을 분류한다.
	예) 미국행정법전 D.7202F
F1	행정조직법(Law of administrative organization)
F2	행정작용법일반(Law of administrative action general)
	행정처분, 법률적 행정행위, 준법률적 행정행위를 포함한다.
F3	공무원법(Public officials law)
F4	행정절차(Administrative procedure)
	사법절차(행정소송), 군사법절차(행정심판), 행정구제(국가배상 등) 등을 포함한다.
F5	행정기관관통제(Control of administrative bodies)
	국민에 의한 통제, 국가에 의한 통제, 사회에 의한 통제 등을 포함한다.
F6	지방행정(Local administration)
	여기서는 중앙정부에서 마련한 지방행정에 관한 법규를 분류한다.

G	재정법 · 공공재산**(Public finance, Public property)**[10]
G1	예산·지출(Budget·Expenditure)
G2	금융·통화·외환(Money·Currency·Foreign exchange)
G3	국가수입(Revenue law)
G31	조세(Taxation)
G32	관세(Tariffs)
G33	전매수익(Monopoly)
G34	수익사업(전매수익 제외) Beneficiary business
G4	공공부채(Public debt)
	국채, 지방채, 외채 등을 포함한다.
G5	공공재산(Public property)
G6	국고(National Treasury)
G7	공물(Public domain)
G71	영조물(Public institution)
	도로, 공원, 공공설비 및 건축물 등을 포함한다.
	여기서는 재산의 관점에서만 취급된다.
G72	천연자원(Natural resources)
	토지, 광산, 삼림, 수자원, 수산자원 등을 포함한다.
G8	공용징수(Compulsory acquisition expropriation), 공용부담 (Compul
H	sory charge expropriation)
H1	경제 · 산업법**(Economic · Industrial law)**[11]
H11	경제활동법(Economic activity law)
	소비자보호법(Consumer protection law)
H12	가격 및 물가통제, 독과점 · 전매 · 부당경쟁방지 등을 포함한다.
	산업 합리화법(Industrial rationalization law)
H13	기업활동지원법을 포함한다.
H14	사회간접시설(Public utilities)
	공기업 · 국영농장(Public corporation, National farm)
H15	공이(공용)사업을 포함한다.
	대외경제관련법(Economic law related to foreign)
	경제특별구법, 합영 · 합자법. 외국인투자법, 외자도입법, 외
	국기술도입법, 차관 · 원조법, 재외자국인(화교 등) 자본기업
H2	법 등을 포함한다.
	산업법일반(Industrial law general)
	각종 협동조합은 해당산업에 분류한다. 다만 사회주의 국가법
	체계에서는 협동조합을 노동법 하에서 분류한다. 개개 산업법
H3	들은 상법 하에서 분류할 수도 있다
	1차산업(Primary industries)
H4	농림 · 수산, 광업 · 에너지 · 수자원사업법 등을 포함한다.

	2차산업(Secondary industries)

2차산업(Secondary industries)
제조·식품업, 긴설업 등을 포함한다.

H5	3차산업(Service)
H51	상업·무역(Commerce·Trade)
H52	금융(Finance)

은행, 증권회사, 신탁회사 등을 포함한다.

H53	보험(Insurance)
H54	교통·수송·창고·관광(Traffic·Transprtation·Warehousing·Sight-seeing)
H55	커뮤니케이션(Communications)

우편, 전파(통신·방송). 신문, 출판, 광고 등을 포함한다.

H6	전문업종(Profession)
J	**무채재산법(지적소유권법) Imtengihle property law, Intellectu-al property law[12])**
J1	저작권(Copyright)
J2	공업소유권(산업재산권)일반(Industrial property general)
J3	발명권(Inventions)

특허권을 포함한다.

J4	상표(Trade marks)·상호권(Business names)
J5	디자인보호권(Design protect ion)
J6	발견권(Discoveries)
K	**사회법(Social law)**
K1	노동법(Labor law)

사회주의국가들은 협동조합과 사회보험을 여기서 분류한다.

K11	노동조합(Labor un ion)
K12	노동쟁의(Labor dispute)
K13	단체협약(Collective convention)
K14	노동계약(Labor contracts)
K15	노동집단(Labor groups)
K16	국가사회보험(National social insuarence)
K17	협동조합(Co-oporation union)

집단농장(생산협동조합의 일종)은 「N: 집단생산주체」, 하에서 분류한다.

(K18)	노동형법(Labor criminal law)

노동형법은 「V: 형법」 하에서 분류한다.

K19	개인노동행위(Individual labor action)
K2	사회보장(사회복지) Social security. Social welfare
K3	사회사업(Social service)
K4	사회보험(Social insurance)

연금, 실업, 의료, 산업보험, 상호보험 등을 포함한다.

	사회주의국가들은 노동법 하에서 분류한다.
K5	기타 사회문제관련법(Other social problems)
	부인·청소년, 노인, 기아, 장애자, 부랑자 등을 포함한다.
K6-9	건강·위생(Public health·Sanitation)
K6	환경(Environment protection law)
	공해, 자연보호 등을 포함한다.
K7	의료(Medical law)
	수의를 포함한다.
K8	약(Drugs)
	음식, 알코올등을 포함한다.
K9	동물보호(Animal quarantine)
L	**교육 · 문화 · 기술법(Education · Culture · Technology law)**
L1	교육(Education law)
	공고육, 사회교육(산업교육, 직업교육 포함) 등을 포함한다.
L2	문화(Culture law)
	문학, 도시관, 박물관(유적·유물 포함). 종교(종교 활동에 관한 공법) 등을 포함한다.
L3	예술(Art law)
	미술, 음악, 연극, 영화 등을 포함한다.
L4	스포츠·오락(Sports·Amusements)
	복권, 도박, 임의경매 등을 포함한다.
L5	과학·기술(Science·Technology law)
	발명, 발견은 「J: 무채재산법」 하에서 분류한다.
M	**기타공법(Other public law)**
M1	국방(Military law)
	퇴역장병, 민방위(민병), 병무행정 등을 포함한다.
M2	공공질서행정(Public order administration)
	경찰, 공안, 소방, 방재, 위험물(무기등)취급, 출입국관리 등을 포함한다.
M9	기타(Others)
	외무행정, 보훈, 통계·기상 등을 포함한다.
N	**집단생산주체(Collect ive product ion bodies)[13)**
	국영농장 등 국영기업은 「H14」에서 분류한다.
N1	집단농장(콜호즈등) Collective farm(Kolhoz)
N2	인민공사(Peoples commune)
N3	농업생산합자사(Agricultural production limited partnership)
N9	기타(Others)
P	**민법 일반, 人法(Civil law general, Personal law)[14)**
P1	민법학(civil law general)
P2	자연인(Natural persons)

P3   법인 Corporation(Legal personality)
P4   가족법(Family law)
P5   혼인법(Marriage law)
P6   상속법(Succession law)
P7   기타 신분법(Other personal law)
        호적법 등을 포함한다.
Q   **재산법(물권법. 소유권법) Property law(Real rights. Ownershi-p right)**[15]
01-3   재산주체(The main body of property)
Q1   토지(Land)
Q2   기타 부동산(Other real property)
Q3   동산(Personal property)
Q4-7   재산권행사방법(Use methods of property right)
Q4   소유권(The Right of ownership)
        소유주체에 따라 국가소유, 집단소유, 개인소유로 구분하기도 된다.
Q5   점유권(The Right of possession)
Q6   임차권(The Right of tenancy)
        지상권, 지역권, 전세권, 소작권 등을 포함한다.
Q7   담보물권(The Right of secured property)
        저당, 질권, 유치권 등을 포함한다.
R   **채권법(채무법), 신탁법 Obligation, Trust**[16]
R1   계약(법률행위) Contracts
        대리, 조합, 권리능력, 방식, 청약과 승낙, 약인(約因), 사기와 착오, 적법성, 해석, 이행과 이행조건, 목적불능과 이행불능, 채무소멸, 채권양수인의 권리 및 제3수익자, 권리구제방법 등을 포함한다.
R2   준계약(준법률행위) Quasi contracts
        사무관리, 준사무관리 부당이득 등을 포함한다.
R3   불법행위(Torts)
R4   신탁법일반(Trust general)
R5   공익신탁(Common profit trust)
R6   사익신탁(Private profit trust)
S   **상법(Commercial law)**
S1   상법일반(Commercial law general)
        상인, 대리상. 상사중재법, 상품판매, 투자 등을 포함한다.
        상사중재법은 민사소송법 하에서도 분류할 수 있다.
S2   기업법(회사법) Corporations law
S21   회사의 종류(The Kinds of corporations)
S22   주식·사co(발행) Issue of stocks and debentures
S23   회사정리법(회사갱생법) Corporate reorganization law

민사소송법 하에서도 분류할 수 있다.

S24	기업협동(Corporations' union)
S25	영리조합(Profit-making league)
S26	기업권익보호단체(Business associations)

S3 　　　　상행위(Commercial transaction)

상거래·영업행위의 종류를 열거한다. 「경제·산업법」 하에 해당 항목이 있으면 그 곳에서도 분류할 수 있다. 자본주의국가는 가급적 「경제·산업법」보다는 여기에 분류하도록 한다.

S31 　　　　동산·부동산·유가증권·기타재산의 매매업(Sales for personal properties. Real properties, Securities. and others)

증권거래업, 무역업, 공탁·경매업 등을 포함한다.

증권거래업의 경우 여기서는 주식·채권의 거래만을 취급하며 다른 대부분의 유가증권관련법은 「S4」에서 분류한다.

S32 　　　　대리, 임대차, 중개(Agency, Tenancy, Intermidiation)

S33 　　　　금융거래 Financial business(Banking business)

은행, 투자신탁, 무진(상호부금), 영리보험 등을 포함한다.

S34 　　　　에너지, 물공급(Energy, Water supply)

S35 　　　　커뮤니케이션(Communications)

통신, 정보, 광고. 신문, 출판, 인쇄, 촬영법 등을 포함한다.

S36 　　　　운송, 관광, 대중접객업. 창고업(Transportation. Sight-seeing, Entertainment business, Warehousing)

S37 　　　　도급(건설업등), 제조·가공·수선업 Contracting, Manufacture · Processing · Repair business

S38 　　　　해상법(해상기업법) Marine commercial law

해상운송, 해상보험. 선박채권, 선원, 선박 등을 포함한다.

S39 　　　　보조상행위(Auxiliary commercial transaction)

보험, 금융기관을 통한 자금조달 등을 의미한다.

S4 　　　　유가(유통)증권법 Negotiable(Valuable) instrument law

S41 　　　　금전증권(어음, 수표) Money instrument(Bill, Check)

S42 　　　　물권증권(Real rights instrument)

상품권, 화물상환증, 선하증권, 저당증궈, 토지채권증권, 담보증권 등을 포함한다.

T	사법제도·재판법일반**(Judical system · Judical law general)**
T1	재판법일반(Judical law general)[17]
T11	법의학(Forensic medicine)
T12	재판증거주의(Evidence)
T13	법률구조(Legal aid)
T14	인권옹호(Defending human rights)
T2	법원(Courts)
T21	종류(Kinds)

T22   조직(Organization)
T23   구성원(Members)
                  배심원을 포함한다
T24   사법행정(Judical administration)
T3   법조인(Legal profession)[18]
                  종류, 양성(검찰 및 사법경찰 등을 포함한다.

U   **민사소송법(Civil procedure law)**
U1   소송절차(Suit proceedings)
U11   1심(Primary trial)
U12   상소심(Appeal)
U13   재심(Retrial)
U2   강제집행(Compulsory execution)[19]
U21   파산법(회사갱생, 회사정리법 포함) Bankruptcy(Including
                Corporate reorganization law)
                  회사갱생, 회사정리법은 상법 하에서도 분류할 수 있다.
U22   배상(Reparation)
U23   화의(Ausgleich)
U24   강제경매(Forced sale by auction)
                공탁(Deposit)
U24   변제공탁, 담보공탁, 보관공탁 등을 포함한다.
U3   민사조정·중재법(상사중재포함) Civil arbitration law(Including
                Bussiness arbitration law)
                  상사중재법은 필요하다면 「상법일반」에서도 분리할 수 있다.
U4   인사소송법(Personnel suit law)
                  가사심판법. 인사조정법을 포함한다.
U5   비송사건절차(Non-suit case procedure)
                  형사사건을 포함한다

V   **형법 · 형사소송법(Criminal law · Criminal procedure)**
V1   형사학(형사정책)일반 Criminalogy(Criminal policy) general
V11   죄형법정주의(Principle of legality)
V12   피해자학(Victims)
                  형사보상, 인신보호 등을 포함한다.
V13   석방자보호제도(After-care system)
                  사법보호. 범죄재발방지대책 등을 포함한다.
V2   범죄학(Criminalistics)
V21   범죄예방학(Crime prevention)
                  범죄동기를 포함한다.
V22   범죄행위론(Criminal offense)
                  고의범, 과실범, 미수, 공범 등을 포함한다.
V23   범죄유형(Classification of crimes)

V231	인명피해죄(Offence against the person)
V232	재산(사유재산, 공공재산)에 관한 범죄 Offences against property
V233	국가에 대안 범죄 (예: 반혁명죄) Offences against the state
V234	공공질서 위반죄(Offences against public order)
V235	재판 관련 범죄(Offences against justice)
V24	범죄수사학(Criminal investigation)
	감식, 혼적, 검증 등을 포함한다.
V25	범죄 인류학(Criminal anthropology)
V26	범죄 심리학(Criminal psychology)
V27	범죄 정신병학(Criminal psychopathy)
V28	범죄 사회학(Criminal sociology)
V29	범죄 생물학(Criminal biology)
V3	형벌학(Punishment)
V31	형벌의 종류(kinds of punishment)
V32	보안처분(Prevent ive measures)[20]
	교정(노동교정 등) 교육, 보호 등을 포함한다.
V33	형의시효(Punishment prescription)
	집행유예, 사면 감형·복권, 가석방 등을 포함한다.
V4	행형학(Penology)
	형무소법을 포함한다.
V5	특별형법(Special criminal law)
V51	소년형법(Juvenile criminal law)
V52	군형법(Military criminal law)
V53	경제형법(식품위생법 등) Economic Criminal law
V54	산업형법(Industrial criminal law)
V55	행쟁형법(Administrative criminal law)
	선거, 조세, 도로교통법 등을 포함한다.
V56	노동형법(Labor criminal law)
V57	국가보안법(National security law)
V59	기타 특별형법(Other special criminal law)
V6	형사소송법(Criminal procedure)
V61	소송절차(Suit proceedings)
V611	제1심 공판절차 및 재판(Primary trial)
V612	상고심절차(Appeal)
V613	비상구제(Uncommon relief)
	재심, 비상상고 등을 포함한다.
V62	수사 및 공소(Criminal investigation and arraignment)
	V24에 이론문헌을, 여기서는 실정법을 분류한다.
V621	강제집행(Compulsory execution)

소환, 구속, 압수, 수석, 고문, 자백 등을 포함한다.

V622 고소・고발(Plaint・Denunciation)

註 1) 자국의 법률학문헌 위주의 도서관에 있어서 자국의 법률학문헌을 「D-V」에 분
류하고자 할 경우 외국의 법률학문헌은 국가구분을 사용한다. 지역구분과 주
제 중 어느 것을 앞세우느냐 하는 문제는 개개 도서관사정에 따르도록 한다.

註 2) 법률학 외의 주제문헌(Non-legal subjects)에 대해서는 DDC 등을 비롯하
여한 일반분류법을 채용한다.

---

9) 미국의 행정법은 「행정절차」만을 의미하며, 행정위원회의 행정행위 시 준거
해야 할 절차를 말한다.

10) 사유재산을 거의 인정하지 않는 사회주의국가들은 조세, 공기업, 공공재산 등
에 관련된 법규가 헤아릴 수 없을 정도로 많다. 또한 「천연자원보호법」을 주
류로 할당하므로써 비중있게 취급하고 있는 것이 특징이다.

11) 사회주의 국가에서는 상법 즉 영리를 목적으로 하는 상행위는 거의 존재하
지 않기 때문에 자본주의 국가들에 있어서 상행위에 해당하는 세부법들이
경제법(공법)이라는 주류에 전부 포함된다. 따라서 상법(사법)과 경제・산업
법(공법)의 양측에 전부 열거한 다음 법계통에 따라 선택할 수 있도록 조치
하고자 한다.

12) 무채재산법의 경우 자본주의국가에서는 민법과 산업법(또는 상기업법)의 양
측에 모두 관련이 있기 때문에 저작권만 제외한다면 산업법(공법) 포함시켜
도 별문제가 없겠으나 사회주의국가에서는 반드시 민법에만 해당될 뿐 아
니라 발견・발명・저작권 등의 무채재산법들은 제각기 민법의 8개 독립법
전 가운데 하나에 해당될 만큼 비중있게 취급되고 있어서 본 연구에서는
무채재산법을 주류로 설정하여 연관이 있는 산업법 가까이에 배치하였다.
사회주의국가들의 경우 필요하다면 이것을 민법하에서 분류할 수도 있다.

13) 사호주의국가의 경우 대부분의 농민・노동자들이 소속되어 있기 때문에 관
련법규가 대단히 많을 뿐 아니라 상기업도 아니고 그렇다고 국영기업도 아
닌 특수한 생산주체인 까닭에 독립된 주류로 배정하게 되었다. 사회주의국
가에서의 국영농장은 국영기업이므로 경제・산업법의 「공익(공용)사업」쪽에
서 분류한다.

14) 사회주의법체계는 「가족법」을 주류로 취급하고 있다. 「상속법」을 재산법에
서 취급하는 문헌분류표도 더러 있으며, 중국분류표와 법령집에는 가족법이
없고 혼인법만 나와 있다.

15) 대륙법계에서는 물권・채권을 합하여 재산법이라 하고 영미법계에서는 물
권법만 재산법이라 하며, 사회주의법계의 경우 의미는 영미법계와 마찬가지
지만 「소유법」이라고 칭하는 것이 다르다. 또한 사회주의법계에서는 「토지
법」을 소유법(재산법)에서 독립시켜 「주류」로 취급한 만큼 비중을 두고 있다.

16) 영미법계통에서는 신탁법을 물권법, 채권법으로부터 분리・독립시켜 동일수
준으로 취급하고 있다. 또한 「채권법」이라는 개념이 없는 대신에 채권법에
해당하는 내용을 계약(법률행위)과 불법행위로 대별하고 있다. 조합 중에서

D. 보조표(조기표)

대부분의 지식이나 주제는 그것이 주류이든 강목이든 또는 그 이하의 세목이 든 간에 그 주제나 내용을 세분 전개의 기본원리로 삼고 있는데 반하여 법률학 분야는 앞 절에서 논급된 바와 같이 국가(법계통별 또는 지역별) 또는 법형식구분이 주제 못지않은 중요한 구분요소가 되는 특성을 가진 주제 분야이다. 법률학이 아닌 다른 주제 분야를 대상으로 하는 전문분류표를 편찬한다면 현행 일반문헌분류표의 형식구분표나 표준세구분표를 거의 그대로 채용해도 무리가 없을 것으로 생각되지만 법률학분야의 경우 실정법의 법형식이 중요한 구분요소가 되기 때문에 이러한 법형식들을 포함하는 형식구분표(보조포)가 반드시 별도로 마련되어야 한다.

대부분 일반문헌분류법의 형식구분표에는 법률자료를 분류하기 위한 항목이 마련되어 있는데21) 이것은 각 주제별법들을 법학부문에 전부 모이게 하지 않고 개개 주제와 함께 배열하기 위한 조치라고 생각되며, 모든 주재의 문헌을 소장하고 있는 일반도서관에는 이것이 유용한 장치가 될 수 있을 것이다.

그리고 LCC의 경우는 다른 문헌분류법처럼 모든 주제에 공통적으로 적용되는 별도의 독립된 형식구분표는 없으나 이른바 "Martel's

---

영리조합은 상법에서 분류한다.

17) 일부 문헌분류법들은 법의학과 증거(재판증거주의)를 형법에서만 취급하고 있으나 민법에도 해당이 되기 때문에 「재판법일반」에 포함시켰다.

18) 영국 등에서는 검찰이 없고, 사법경찰이 검찰의 역할을 대신한다.

19) 공탁. 강제경매, 파산 등은 민법, 상법 모두에 적용되는 절차법적인 성격이 강한 법률이므로 민사소송에 두는 것이 합당하다고 본다. 영미법 및 프랑스법에서는 파산법을 상인에 국한시켜 상법에만 포함시키고 있다.

20) 사회주의국가의 경우 보안처분의 주된 내용은 「노동교정」이 된다.

21) DDC에는 026. UDC에는 (094)와(095), KDC에는 023, 국제백진분류표에는(12)와 (13)으로 나와 있는데, 특히 UDC의 (094)는 48개 항목으로 세분되어 있다.

seven points" 라는 아이디어를 도입하여 모든 주제항목 사이에 내부
표의 일환으로 적절히 설정하는 방식을 채택하고 있는데 그것의 5번째
항목인 "법률(Law), 규칙(Regulation), 국가관계(State relation)"를 법
률의 형식구분에 사용하고 있다. 그러나 K(법률)가 완성한 후 국제법
을 제외한 다른 모든 영역의 법들이 각 관련 주제들과 함께 배열되지
않고 k(법률)에 전부 모이게 되었기 때문에 사실상 필요 없는 항목이
되어 버렸다.22)

　　법률학분야의 특성을 반영한 형식구분표(보조표)를 마련하려면 먼
저 법률학문헌의 종류를 살펴 볼 필요가 있다. 법률학관련문헌이란
법률학을 연구하거나 실무상 필요로 하는 정보가 수록된 자료를 일
컫는데, 영국의 죠지 3세(Ceorge Ⅲ)는 "법률가란 법을 아는 사람이
아니라 그것을 찾을 곳을 아는 사람이다"23)라고 주장할 정도로 법
률학문헌의 중요성을 극명하게 표현하고 있다. 이러한 법률학문헌에
는 앞서 여러 차례 논급된 바와 같이 기초법학에 관한 문헌과 실정
법 관련자료로 대별된다. 이 가운데 형식구분표의 활용이 두드러지
는 것은 실정법 관련자료들로서 이것은 1차법률정보(legal authority
혹은 primary sources)와 2차법률정보(secondary soruces)로 대별된
다. 1차법률정보란 법령, 판례 등 법률 그 자체를 수록한 문헌을 의
미하고 2차법률정보란 해설서, 주석서, 관련논문목록. 색인, 다이제
스트 등 법률에 관하여 쓰인 문헌을 의미한다.24) 이러한 2차법률정
보는 1차법률정보에 대해서 쓰인 것이기 때문에 그 자세의 내용만으
로는 법률적인 권위(authority)가 존재하지 않는다.

---

22) 丸山昭二郎, 山泰通論. DDC. LCC. NDC 圖書分類 の 記號.變換. 東京, 丸
　　善, 1984. p. 101.
　　John Phillip lmmroth, Library of Congress Classification. In: *Encycl-*
　　ophedia of Library and Information Science. New York, Marcel Dekker,
　　1975. vol.15. p. 136.
23) Miles O. Price, Harry ritner and shirley Raissi Bysiewicz. *Effective Legal*
　　Research. 4th ed. Boston. Little Brown and Company, 1979. p. xx.
24) Adrian Blunt. *Law Librarianship.* New York, K · G · Saur, 1980. p. 9.

　1차법률정보는 법의 존재형식을 기준으로 삼았을 때 법령과 판례를 비롯하여하여 국제법에만 해당되는 제정법(성문법)인 조약으로 대별되는데 이러한 구분은 법률학계에서나 현행 문헌분류표상에서는 일반화된 것이다. 제정법(성문법)에는 일반적으로 국회에서 제정되는 성문법인 법률 및 그것을 시행하기 위한 명령(ordinance)을 비롯하여하여 지방자치단체의 의결기관에서 제정하는 조례와 그것의 시행을 위한 규칙(regulations)이 있다. 판례(case)는 법원의 판결문으로서 법정판례를 법원에서 공식적으로 간행한 형태의 것을 법률보고서(law reports)라고 한다.25)

　법률학문헌 가운데 실정법관련문헌은 다른 주제 분야와는 달리 1차법률정보와 2차법률정보를 엄격하게 구분·분리하여 관리하는 경향이 있으며, 심지어 Moys 법률분류표와 Squire법률도서관분류표 등 몇 몇 법률학 문헌분류표들은 어느 특정 국가의 국내법을 대상으로 하였을 때 주제구분에 앞서 1차법률정보와 2차법률정보를 먼저 구분하는 경우도 있을 정도로 이들의 정보가치에 큰 차이를 두기도 한다.

　이러한 법률학문헌 중 1차법률정보인 경우 가능한 한 현재 발효 중인 법령, 판례 등 최신정보가 요구되는 특성이 있으며,26) 특히 이 중에서도 국내실정법의 경우는 이용자층이 두텁고 이용 또한 빈번한 편이기 때문에 일반적으로 국가별, 주제 분야별, 법형식별로 Data base화 하여 검색하는 경우가 허다하다. 이러한 법률정보 Data base 로는 국내의 경우 법제처의 법률정보검색시스팀인 LIRES, 대법원의 판례검색(PAN), 국회의 의안연혁시스팀(BIRES), 한국법률시스팀(KOLIS) 등이 있으며, 해외법률정보시스팀으로는 미국의 LEXIS, WESTLAW, 영국의 EUROLEX, STATUS, 일본의 행정관리청 법령검색시스팀 등이 있다.27)

---

25) *Ibid.*, p. 39.
26) 홍명자. "법률참고봉사에 관한 연구." 도서관학논집 5(1978, 12). p. 172.

다음은 법형식의 종류를 구체적으로 열거한 것으로서 이와 같은 구분을 형식구분표 마련의 기초자료로 삼고자 한다.

　　조약- 조약, 협정, 협약, 의정서, 결정서, 선언, 규정, 규약,
　　　　헌장, 각서, 교환공문, 잠정협정, 훈령, 합의의사록[28]
　　성문법-법률(법안, 의사록, 공보, 관보포함), 명령, 교시, 조례,
　　　　규칙, 포고령(ukaz),[29] 칙령, 기본원칙(osnovy), 헌장(ustav),
　　　　지시(instruktsiia), 결정(reshenie), 설명(raz"iasnenie),
　　　　규정(polozhenie)
　　판례-법률보고서(Law report), 법원판결문(Court dicisions), 판례집
　　　　(Casebook), 법제록(Restatement of law)

위에 제시된 항목들을 좀 더 구체적으로 논급하면 다음과 같다.

조약에 열거된 항목들은 국제관행상 일컬어지는 조약의 명칭들로서 전 세계의 모든 국가에 적용되는 것, 여러 국가에 적용되는 것, 양국 간에 적용되는 것(쌍무적인 것) 등이 있으며, 문헌에 따라서는 한 국가나 지역의 모든 조약집도 있을 수 있다. 그러므로 국별 구분이 수반되는 경우가 많으며 필요할 경우 국제법을 비롯하여한 국내법의 제 영역도 함께 해당되는 경우도 있다. 훈령은 조약자체는 아니지만 조약체결의 기초가 되는 정보원이기 때문에 함께 열거하였다.

법률은 각 국의 국회에서 제정된 성문법 즉 재정법을 일컬으며 명령은 법률을 시행하기 위한 구체적인 내용으로서 우리나라의 경우 대통령령. 총리령, 부령(훈령) 등이 있다. 교시는 북한과 같이 절대권

---

27) 송미경. "법률정보봉사에 관한 분석." 국회도서관보 제31권 제3호(1994. 5~6). p. 29.
28) 박관숙. 국제법. 서울: 법문사. 1995. p. 39.
29) 포고령, 칙령, 기본원칙. 헌장, 지시 결정. 설명. 규정은 소련에만 존재하는 法源들로서 구체적인 내용은 「이윤영. 소비에트법. 서울, 대륙연구소. 1990. pp. 74~100」을 참고하기 바란다.

력자가 있는 국가에서 그 권력자의 결정사항으로서 경우에 따라서는 권위 상 법령보다도 우위에 있을 수도 있다. 법률과 명령은 보통 함께 편찬되는 경우가 대부분으로써 「문교법전」과 같이 주제별로 나와 있기도 하지만 한 국가의 전체 법령집을 수록한 「법령집」으로 존재하는 경우도 있다. 법률이 제정기 전 국회의 案으로 존재하는 상태에서는 이를 법안(Bill of law)이라고 하며, 그 법안이 통과되면 공보·관보의 형식으로 공포되기 때문에 법률을 제정단계별로 구분할 필요가 있으면 이러한 것들을 적용하면 된다. 조례와 규칙은 지방자치단체(연방국가 등의 단위가 되는state는 국가개념임)에 있어서 법률에 해당하는 것이 조례이고 명령에 해당되는 것이 규칙이라고 할 수 있는데 지방자치단체별로 모든 조례와 규칙을 수록한 것이라던가 아니면 특정주제의 조례와 규칙을 수록한 「…예규집」이라는 서명의 문헌이 많이 존재하게 된다.

판례는 국제법·국내법의 제 영역에 해당되며 국제사법재판소판례, 최고재판소판례, 대법원판례와 같이 법원의 종류에 따라 구분되기도 하기 때문에 특정국가나 지역의 모든 주제를 망라한 문헌(예: 대법원판례집)이 있을 수 있다. 법제록이란 영문으로 「Restatement of law」라고 하며 미국에서 논설수준의 다양하고 방대한 판례들을 체계화하여 큰 법전으로 만든 것을 의미하는데 현재 대리, 섭외사법, 계약, 판결, 재산, 원상복귀, 담보, 불법행위, 신탁 등의 9개 분야를 포함하고 있으나 점차 확대될 것으로 전망된다. 이것은 형식은 법전이지만 법으로서의 성립경위를 살펴보면 판례법(불문법)이기 때문에 흔히 말하는 판례법과 성문법을 구분할 필요가 있을 때에 사용하도록 대비해 놓은 것이다.

이상의 내용들을 토대로 하여 1차법률정보의 형식구분표를 전개하면 다음과 같다.

<표 23> 1차법률정보의 형식구분표(Form Divisions)

01   조약(협정, 협약, 의정서, 선언, 헌장, 훈련 등을 포함한다)
02   법률(제정법). 명령. 교시. 칙령
03   조례, 규칙
04   판례(법률보고서, 법원판결문, 판례집 등을 포함한다)
05   法制錄(Restatement of law)

판례법은 국내실정법인 경우 비단 영미법계 국가들뿐만 아니라 이
제는 모든 국가들의 가장 대표적인 법률정보 중의 하나이므로 국내
실정법에 있어서는 국가별로 구분한 다음 다른 1차법률정보들과 마
찬가지로 해당되는 개개 주제별법에 따라 분류하는 경우도 있겠지만
상황에 따라서는 법원 또는 재판소 종류별로 분류할 필요가 있을 것
이다. 사실 법원(재판소)의 종류에 의한 구분은 주제별법구분과 큰
차이가 없기 때문에 양자택일의 성격을 지녔다고 할 수 있으므로 도
서관의 사정에 따라 선택하여 사용하면 된다. 법원구분기호를 부여
하게 되는 경우 반드시 「판례」에 해당하는 형식구분기호와 함께 조
합하게 되며 이 때 법원구분기호를 「판례」보다 더 뒤쪽, 즉 맨 마지
막에 추가하도록 한다.

연구자가 조사해 본 결과 Moys법률분류법에 나와 있는 보조표 5
(Courts)의 내용이 모든 국가에 공통적으로 적용이 가능하도록 구분
되어 있다고 판단되므로 본 연구에서는 이것을 채용하고자 한다. 그
러나 기호체계는 그 조합과 배열의 편의성을 고려하여 연구자 임의
로 시종일관 두 자리수로 조절하였다. 그 내용은 다음과 같다.

<표 24> 법원(Courts)구분표

.10   최고재판소 · 대법원(Supreme courts)
.20   헌법재판소(Constitution courts)
.25   행정재판소(Administrative courts)
.30   민 · 형사합동재판소(Courts with both criminal and
                                 civil jurisdiction)
.40   형사재판소(Criminal courts)

.41   상급심재판소(Higher)
.42   하급심재판소(Lower)
.43   즉결재판소(Summary jurisdiction)
.44   교통재판소(Traffic courts)
.49   기타, A-Z
.50   민사재판소(Civil courts)
.51   상급심재판소(Higher)
.52   하급심재판소(Lower)
.53   경범재판소(Magistrates' courts)
.59   기타, A-Z
.60   형평법재판소(Equity courts, chancery courts)
.70   가정법원(Family courts)
.71   소년법원(Juvenile courts)
.76   유언검인법원(Probate courts)
.80   상사법원(Commercial courts)
.81   해사재판소(Admiralty courts, prize courts)
.82   파산재판소(Bankruptcy courts)
.86   산업재판소(Industrial courts)
.90   기타, 「키워드」에 의하여, A-Z

지금까지 논의된 사항들은 1차법률정보에 관련된 내용들로서 법률학 문헌분류표의 형식구분에는 1차법률정보 뿐만 아니라 2차법률정보를 비롯하여하여 내·외적 형식구분도 포함된다. 이 가운데 내적 형식에 해당하는 항목들은 이미 본 표의 기초법학 중 법률학일반(A) 항목에 포함되었으므로 제외하고 2차법률정보와 외적형식에 해당하는 항목들을 한데 모아 별도의 형식구분표, 즉 일반 형식구분표를 마련할 필요가 있는 것으로 판단된다. 기존의 문헌분류법 가운데 국제백진분류법(ICC: International Centesimal Classification)에 나와 있는 외적형식구분표의 내용이 대체로 가장 합리적이라고 판단되어 이것을 기초로 하되 실정법의 2차자료인 서지, 목록, 색인 등과 같은 2차법률정보의 경우는 제외되어 있어서 ICC의 외적형식구분표의 항목 중에서 본 연구와 관련하여 불필요하게 된 법률학관련항목, 즉 (12)와 (13)에 적절히 배정하였다. 이상의 내용을 토대로 하여 외적 형식에 관한 구분표를 전개하면 다음의 <표 25>와 같다.

<표 25> 법률학분야의 일반형식구분표

(11) Historical sources.
(12) Bibliographies, Catalog.
(13) Index.
(14) Addresses. Lectures. Speeches.
(15) Anthologies. Selections.
(16) Collective works of a single author.
(17) Collective works by several authors.
(18) Series of monographs(works by various authors).
(19)
(20)
(21) Syllabuses, Curricula.
(22) Exercises, Questions.
(23) Test papers. examination papers.
(24) Solutions, answers.
(25) Practical exercises, projects, tasks.
(26) Explanations, Interpretations. Commentaries.
(27) Testing and measurement: laboratory manuals.
(28) Selections of academic papers and treatises.
(29) Maps and related forms, plans, diagrams.
(30) Atlas tn specific subjects.
(31) Models and miniatures.
(32) Pictures and related illustrations.
(33)
(34)
(35) Handbooks. Guidebooks.
(36) Dictionaries. Concordances.
(37) Glossaries. Multilingual dictionaries.
(38) Encyclopedias.
(39) Directories of persons and organizations.
(40) Abridgments. Abridged editions.
(41) Synopses. Summaries. Abstracts. Outlines.
       (non-serials)
(42) Tabulated and related materials.
(43) Tables, tabular materials.
(44) Formulas, specifications.
(45) Lists, inventories. catalogs.
(46) Standards.
(47) Patents.
(48)

(49)
(50) Periodicals. Journals.
(51) Irregular serial publications.
(52) Abstracting and indexing serials.
(53) Yearbooks. Annuals.
(54) Semiannuals and biannuals.
(55) Almanacs. Calendars for paticular specialities.
(56) Newsletters. Correspondence, Circulars.
(57) Bulletins.
(58) Brochures. Pamphlets, Preprints, offprints.
(59) International organizations.
(60) National and local organizations(societies, associations)
(61) Institytions.
(62) Business firms.
(63) Reports. Notes.
(64) Bibliographic description of contents. Summaries
(65) Trade catalogs and directories.
(66) Buyers' guides and consumer reports.

앞서 논급된 바와 같이 법률학분야는 다른 주제 분야에 비해 「지리구분표」를 자주 사용하는 주제 분야로서 시대구분도 어느 정도 필요로 하게 된다. 이러한 보조표들은 문헌분류표의 특성이나 장서의 성격과 종류에 따라 내용과 전개가 거의 달라지지 않는 보조표들이기 때문에 기존의 문헌분류표에 나와 있는 것 중에서 합당한 것을 선택하여 그대로 채용해도 별 문제가 없을 것이다. 다만 법률학 문헌분류표의 특성상 「지리구분표」는 가급적 상세하여야 할 것이며 법률학분야 본 표의 조직구조상 조합하는 방식을 많이 채택하고 있어서 분류기호를 조합했을 경우에 기호가 길어질 염려가 있기 때문에 이들 보조표의 기호는 가능한 짧아야 할 것이다. 또한 유럽공동체(EC)는 연방국가개념으로 취급하기로 하였으므로 이것을 위한 별도의 항목도 설정되어야 할 것이다. 본 연구에서는 이러한 모든 점을 감안하여 일단 LCC의 「지리 구분표」30)중 첫머리의 두 자리단위(국

---

30) 정필모, 국제백진분류법연구: 인문학분야편. 서울, 중앙대학교 출판부,

가단위)까지만 적용하고자 한다. 그 이유는 LCC의 지역구분이 모든 국가에 비교적 균등하게 전개되어 있고 세계의 주요 국가들이 두 자리수내에 모두 포함될 수 있기 때문이다.

1995. pp. 109-186

結 論

본 연구는 첫째 법률학분야의 학문적 특성과 그 체계에 대한 고찰, 둘째 법률학분야의 주요 문헌분류법에 대한 분석 및 평가, 셋째 법률학분야의 새로운 문헌분류법의 창안의 세 단계로 구분해서 요약될 수 있다.

1) 법률학분야의 학문적 특성과 그 체계를 고찰한 바, 법률학은 크게 기초법학과 실정법부문으로 나뉘어 지고, 실정법부문은 국제법과 국내법으로 구분된다. 이들 중에서 국내법부문은 대륙법계통, 영미법계통, 사회주의법계통으로 나뉘어 진다.

2) 현행 일반문헌분류법들의 법률학부문과 Moys법률분류법을 심층적으로 분석한바 이상의 제 1)항에서 밝힌 바와 같은 현대의 법률학체계에 부합되도록 전개된 문헌분류법이 없었다.

3) 또한 기존의 법률학분야 문헌분류법들은 공통적으로 국내법에 비하여 기초법학과 국제법을 소홀히 취급하고 있고, 국내법에 있어서 DDC는 영미법 위주로, LCC와 Moys법률분류법은 각 국가별로 별도의 문헌분류표를 마련하고는 있으나 역시 영미법 위주로 전개되어 있으며 또한 아시아지역 국가들과 사회주의국가들에 대한 문헌분류표는 전혀 나와 있지 않는 것으로 밝혀졌다.

4) 기존의 주요 문헌분류법에 있어서 특히 국내실정법의 경우 지역과 법형식이 주제 못지않은 중요한 구분요소가 되는 특성이 있으며 일반적으로는 지역구분과 법형식구분이 주제구분보다 앞서게 되는 경우가 가장 흔하게 나타난다.

5) 본 연구에서는 이상과 같은 법률학분야의 학문적 특성과 현대

적 학문체계를 토대로 하여 기존의 법률학분야의 문헌분류법에 있어서의 문제점들을 개선하고 모든 나라에 공통적으로 적용될 수 있는 법률학분야의 문헌분류법을 새로이 전개한 바 그 특성을 요약하면 다음과 같다.

① 주제의 전개는 제Ⅲ장에서 보는 바와 같이 법률학 전반에 걸쳐서 현대의 학문체계에 따라 합리적으로 전개했을 뿐만 아니라 기존의 법률학 문헌분류법들에 비해 훨씬 세분하여 전개하였다.

② 특히 국내법에 있어서 기존의 주요 문헌분류법은 영미법계 위주로 국가마다 각각 별도로 전개되어 있는데 본 연구에서는 대륙법계통, 영미법계통, 사회주의법계통을 합리적으로 통합하여, 국내법을 새로이 전개해서 이를 모든 나라에 공통적으로 적용될 수 있도록 하였다. 그렇게 함으로써 문헌분류표의 분량을 대폭 줄일 수 있고, 분류작업이 용이하며, 분류의 전산화가 용이하게 되었다.

③ 기호체계에 있어서는 법률학분야의 주류수가 26개 미만이므로 알파벳문자를 사용하면 한자리수로 짧게 나타낼 수 있기 때문에 알파벳 대문자로 주류를 전개하고 강목 이하는 아라비아숫자를 십진식으로 전개하여 분류기호를 간결하게 하였다.

④ 법률학분야는 다른 분야에 비해 자료의 특성이 있으므로 「1차 법률정보원의 형식구분표」를 새로이 마련하여 본 표내의 분류기호와 조합하도록 함으로써 보다 세분될 수 있는 동시에 분류기호는 간결하게 하였다. 그러나 다른 주제 분야에 비해 보다 빈번히 적용되는 지리구분은 ICC의 지리구분표 중 두 자리수(국가단위)만을 사용하게 함으로써 기호의 자리수를 가능한 간결하게 하였다.

다만 본 연구는 법률학분야의 실제적인 문헌분류법(표)을 편찬하려는 것이 아니라 이와 같은 문헌분류법을 편찬하는데 있어서 합리적인 기초자료를 제시하기 위한 것으로 문헌분류표의 세부적인 주기사항이나 상관색인 등은 논의로 하였다.

參 考 文 獻

〈동양서〉

곽윤직. 대륙법. 서울. 박영사, 1962.

國立國會圖書館圖書部箸部. 國立國會圖書館分類法. 改訂版. 東京, 國立國
會圖書館, 1987.

近野チウ譯. ソ連BBK分類法 縮刷版. 仙台, 近野中國語硏究所. 1974.

박관숙. 국제법. 서울, 법문사. 1995.

法律學全集. 東京. 有斐閣, 1974.

서울대학교 법학연구소. 법학통론. 서울. 서울대학교 출판부, 1994.

서정갑. 상법: 총칙·상행위. 서울, 일신사, 1988.

서희원. 영미법강의. 서울. 형설출판사, 1985.

손주찬. 법학총론. 서울, 박영사. 1981.

송미경. "법률정보봉사에 관한 분석." 국회도서관보 제31권 제3호(1994.
5·6): 22-32.

우상덕. 법의학. 서울, 최신의학사, 1982.

六本佳平. 法社會學入門. 東京, 有斐閣, 1991.

이규하. 법학개론. 서울, 형설출판사. 1991.

이기형. 법철학. 서울, 숭실대학교출판부, 1990.

이병태. 신법률학사전. 서울, 법학사전편찬회, 1992.

日本圖書館協會 分類委員會. 日本十進分類法. 新訂 8版. 東京, 日本圖書館
協會. 1978.

장경학. 법학통론. 서울. 법문사, 1996.

정필모. 국제벽진분류법연구: 인문학분야편. 서울. 중앙대학교 출판부.
1995.

中國圖書館圖書分類法 編輯委員會. 中國分圖書館分類法.‡ 仙台, 近野中國
　　語 研究所. 1986.

中國研究所. 中國基本法令集. 東京. 日本評論社, 1988.

최대권. 법사회학. 서울, 서울대학교출판부, 1983.

최종고. 법사와 법사상 서울. 박영사. 1983.

최종고. 법학사. 서울. 박영사, 1983.

최종고. 북한법. 서울. 박영사, 1993.

최종고. 한국법과 세계법. 서울, 교육과학사, 1991.

최종고. 한국의 서양법수용사, 서울, 박영사, 1982.

프레드릭 헨리 로슨 저. 양창수, 전원일 공역. 대륙법입문, 서울, 박영사,
　　1994.

한국도서관협회분류분과위원회편. 한국십진분류법, 제3판. 서울. 한국도서
　　관협회) 1980.

현승종. 비교법입문. 서울, 박영사, 1974.

홍명자. "법률참고봉사에 관한 연구." 도서관학논집 5(1978.12), 한국도서
　　관 정보학회 편: 169-199.

丸山昭二郎, 山泰通論. DDC. LCC. NDC 圖書分類 の 記號變換, 東京, 丸
　　善. 1984.

황산덕. 신국제사법. 서울, 박영사. 1985.

황적인, 이은영 공저. 독일법. 서울, 박영사, 1987.

〈서양서〉

Baumann. Jüregen. Einführung in die Rechtswissenschaft. München,
　　Verlag C · H · Beck. 1977.

Benyon, Elizabeth V. *Classification. Class K. Law*. Printed as
　　manuscript. Washington, Library of Congress. 1948.

British Standards Institution. *BS 1000: Universal decimal Classification*,
　　2nd, s English full edition. London, BSI, 1980.

Blunt, Adrian. *Law Librarianship*. New York, K · G · Saur, 1980.

Canada Parliament Library. *Class K, Law, Based on Law Library of*

Congress Classification Scheme. Ottawa, parliamentary Library, 1956.

Chan, Lois Mai. *Immroth's Guide to the Library of Congress Classification*. 3rd ed. Littleton, Libraries Unlimited. 1980

Cornish, W. R. "Legal System and Legal Literature." In: *Manual of Law Librarianship*. ed. by Elizabeth M. Moys, 1976: 59~91.

Dewey, Melvil. *Dewey Decimal Classification and Relative Index*, 18th ed. New York, forest Press, 1971.

Dewey, Melvil: John phillip Comaromi ed. *Dewey Decimal Classification and Relative Index*, 20th ed. Albany, New York, Forest Press, 1989.

Doyle, John. "WESTLAW and the American Digest Classification Schme." *Law Library Journal* vol.84. no.2(Spring 1992): 229~258.

Doyle, Sheila M. "Religious Law." In: *Manual of Law Librarianship*. ed. by Elizabeth M. Moys, 1976: 362~378.

Hess, Elimer B. "A Study of the Classification of Legal Materials in the Law Libraries of the Library of Congress, the Los Angeles County Law Library. and the University of Chicago." *Law Library Journal* vol.69, no.1(February 1976): 33~40.

Immroth, John Phillip. "Library of Congress Classification. In: *Encyclophedia of Library and Information Science*. New York, Marcel Dekker, 1975. vol.15: 106~200.

LA County Law Library. *Los Angeles County Law Library Classification Class K-Law*, 2nd ed. Los Angeles, Los Angleles County Law Library, 1989.

Library of Congress. Subject Cataloging Division. *Classification, Class J, Political Science*. Detroit, Gale Research, 1993.

Library of Congress. *Classification, Class K, Subclass K, Law(General)*. Detroit, Gale research, 1993.

Library of Congress. *Classification. Class KD, Law of England and Wales*. Detroit, Gale Research, 1993.

Library of Congress. *Classification. Class KK-KKC, Law of Germany.* Detroit, gale Research, 1993.

Moys, Elizabeth M. "Classification." In: *Manual of Law Librarianship.* ed. by Elizabeth M Moys, 1976: 549~579.

Moys, Elizabet M. *Moys Classification Scheme for Law Books.* 2nd ed. London, Butterworths, 1982.

Price, Miles O. *Effective Legal Research.* 4th ed. Boston, Little Brown and Company, 1979.

Reynolds, Dennis and Thorson, Connie Capers. "A Scheme for the Temporary Classification of Materials on foreign Law." *Library resources and Technical Services* vol.24. no.2(Spring 1980): 129~134.

Reynolds, Thomas H. "Socialist Legal System: Reflection on Their Emergence and Demise." *International Journal of Legal Information* vol.20. no.3(winter 1992): 215~237.

Squire Law Library. *Squire Law Library Classification Scheme.* Cambridge. University of Cambridge, 1974.

Steiner, W. A. "Some Problems of Classification in International and Comparative Law." *International Journal of Legal Information* vol.10. no.6(December 1982): 320~325.

stone, Alva T. and Tam, Jessie. "Cataloging and Classification of Law Materials: A Servey of recent Literature." *Law Library Journal.* vol.83. no.4(Fall 1991): 721~762.

U. S. Department of Justice. Library. *Tentative Law Classification Scheme with Annotations.* Washington. GPO. 1940.

ABSTRACT

A Study on the Literature Classification Scheme of Law

Kim, Ja Hoo

Dept. of Library & Information Science

The Graduate school

Chung-Ang University

The purpose of this study is to devise idealistic law literature classification scheme with university. Law is divided into jurisprudence, international law and domestic(state) law on the whole and then domestic legal systems are classified into Civil Law System, Common Law System and Socialistic Law Systeme.

When examined current representative literature classification schemes such as Moys Classification Scheme for Law Books, law class of LCC and law subclass of DDC. integrated classification scheme including three different legal systems in all was not finded.

An underlying reason for the development of this classification scheme reset upon the fact that three legal systems have differed each of them and that current literature classification scheme covering three law, systems have not yet been in existence.

The existing law literature classification schemes were devised for the Anglo-American countries on the whole, thus all of them are classification schemes which are suited for common law system.

In this study therefore, from the comparative analyzing a lot of materials including schemes which are current representatives of each legal system such as NDC. BBK of USSR, Chinies Library Book Classification Scheme, a new law literature classification scheme with international usability have been designed as follows:

1. The new classification system: The new system is a synthetic classification scheme combined main schedules with auxiliary tagles considering characteristics of the positive law field.

2. Main classification schedules: Jurisprudence and international law part of this schedule have been more detailed when being compared with that of the existing law classification schedules, and many a vital concepts of socialistic law system were included in main schedule.

3. Classification number: The alphabetic capital letters were used for the main class numbers because the number of main classes that were setted up in this study were less than 26, and the arbic figures were adopted for the subclass numbers.

4. Auxiliary tabtes and number building: Form divisions tables, which include legal forms(legal authority: statutes. regulations. cases, treaties and others), were provided in this scheme as shown in <table 23> and <table 25>. Geographical divisions table was not devised in this study and that of ICC was adopted to this scheme. Division elements which are subjects, geographics(jurisdictions) and legal forms are combined with each other in order to reflect on characteristics of the positive law including the domestic(state) law. Especially domestic(state) positive law was classified by

geographical(jurisdictional) divisions at first and legal forms are secondary division elements and subjects are final division elements.

The new classification scheme is tentative one Therefore if the results of this study should be completeness, it would be reconsidered, criticized would modified continuously. And especially, relative index of thesaurus format would be developed in order to become useful one.

<부록> 법률학분야의 새로운 문헌분류표

A   **기초법학(법률학일반: Law general)**
        법학통론 또는 개론 등을 여기에 분류한다.

A1   법철학(Philosophy of law)
          자연법(법규범학포함)은 「법의 분류」 하에서 분류한다.

A11   법리학(법률철학) Legal principles
A12   법의 본질(The Essence of law)
A13   법의 의무(The Duty of law)
A14   법의 정신(The Spirit of law)
A15   법가치론(Legal valuation)
A16   법세계론(세계통일법론) International uniform law
A17   법실증주의(Legal positivism)

A2   법사학(Legal history)
A21   법제사일반(Legal history general)
          「법학사」를 포함한다.
          필요에 따라 지역구분, 주제구분 또는 시대 구분한다.
A22   중세 이전의 법(Ancient and Medieval law)
A221   원시 법(Primitive law)
A222   고대 근동법(Ancient near East law)
A223   Hellenistic법(Hellenistic law)
A224   로마법(Roman law), 비잔틴법(Byzantine law)
A225   기타 고대유럽법(게르만법 등) Other ancient European law
A226   중세 및 나폴레옹 이전의 유럽법(Medieval and Pre-Napoleonic
          European law)
A227   Roman-Dutch법(Roman-Dutch law)
A228   동양법(Oriental law)
A23   법분류별 분류(Classification of law)
          「법의 분류」 항목과 같이 세분한다. 예) 영미법제사 A23B411
A24   각 국가별 법(Jurisdictional law)
          「지리구분표」를 적용한다. 예) 독일법제사 A24.14

A25   각 주제별 법(Special subjects law)
          실정법(국제법 및 국내법)과 같이 세분한다.
            예) 전쟁법제사 A25C53, 해상법제사 A25S38
A3   법사상사(History of legal thoughts)
A31   동양법 사상사(History of Oriental legal thoughts)
A32   서양법 사상사(History of European legal thoughts)
A33   막스·레닌주의법 사상사(History of Marxism legal thoughts)
A4   법률학분야의 전기(Biography)
A5   법률학교육(Legal education)

Law school을 포함한다.

A6   법률학연구방법(Research methods of law)

A7   법률학과 다른 주제와의 관계(Relationships with other subjects or disciplines)

A71   법과 종교(Law and religion)
              법과 도덕(Law and morality). 법과 규법(Law and critrion)을 포함한다.

A72   법과 국가(Law and state)
              법과 사회(Law and society), 법과 정치(Law and politics)를 포함한다.

A73   법과 인간(Law and mankind)

A74   법과 정의(Law and Justice)

B   기초법학(법률체계: **Jurisprudence)**

B1   법해석학(Interpretation of law)
              자연법해석(법규범학)은 「법분류」 하에서 분류한다.

B11-12   해석대상(The Object of interpretation)

B11   개념법학(성문법) Conceptional jurisprudence

B12   자유법학(불문법) Liberal jurisprudence

B13-15   해석방법(Interpretation mothods)

B13   유권해석(Authoritative interpritation)
              입법해석(Regisrative interpretation), 법해석(Judical interpretation),
              행정해석(Administrative interpretation) 등을 포함한다.

B14   학리해석(Doctrinal interpretation)
              문리해석(Grammatical interpretation), 논리해석(Logical interpretation)등을 포함한다.

B15   법전해석(제정법의 해석) Statutory interpretation

B2   법사회학(Sociology of law)

B21   법과 여론(Law and public opinion)

B22   법과 공공정책(Law and public policy)

B23   사회심리학(Social psychology)

B3   비교법학(Comparative jurisprudence)
        법계통별, 국가별, 법분류별, 주제별, 시대별 등에 의하여 비교·대조된 법을 분류한다. 또한 2개 또는 그 이상의 법을 통합하는 것을 내용으로 하는 문헌도 여기서 분류한다 이 때 비고 대조된 두 가지의 법을 상호 조합하여 기호를 완성한다.

B4   법의 분류(Classification of law)
        「성문법과 불문법의 비교」는 「비교법학」 하에서 분류하고 여기서는 「법의 분류」항목에 열거되어 있는 개개 항목의 이론문헌을 분류한다.

B41	법계통(Legal system)
B411	대륙법(Civil law system)
B412	영미법(Common law system)
B413	사회주의 국가법(Socialistic law system)
B414	종교중심국가법(Religious law system)
B42	자연법(법규범학 포함) Natural law, 실정법(The Positive law)
B43	성문법(Written law), 불문법 Unwritten law(판례 Case. 관습법 Customary law)
B44	공법(Public law), 사법(Private law)
B45	실체법(Substantive law), 절차법(Objective law) 원칙법(기본법), 예외법(부속법)을 포함한다.
B46	고유법(Native law), 계수법(Adopted law)
B47	강행법(Imperative law), 임의법(Dispositive law) 일반법, 특별법을 포함한다.
B48	조직법(Organizing law), 행위법(Actual law)
B49	시민법(Civil law). 사회법(Social law)
B5	종교법(Reigious legal systems)

                                              <각 종교법에 적용되는 세부주제표>

                      .1 교회(사찰)조직 운용 Church organization government
                      .2 교회(사찰)재산 Church property
                      .3 성직자 · 승려 Clergy · Monks
                      .4 신도 · 신자 Laymen
                      .5 선교 · 포교 Missions
                      .6 의식 · 제전 Worship
                      .7 형법 Criminal law
                      .8 사법 Privite law
                      .82 채권 Obiligations
                      .84 재산 Property
                      .86 가족법 · 상속법 Family law Inheritance law
                      .9 법원 · 소송법 Courts · Procedure

B6	기타 법이론일반(Other jurisprudence)
B61	법정책학일반(입법학) Legislation 여기에서는 광의의 개념인 국가권능을 의미하고 국내법의 「헌법 · 국가법」에 속하는 입법은 국회의 입법권을 의미한다.
B62	법비평(Legal criticism)
B63	법심리학일반(Legal psychology general) 범죄심리학은 「형법」 하에서 분류한다.
B9	기타 법률학관련문헌(Other materials on law general)
B91	법률학도서관(Law library)
B92	법률의 개정(Law reform)

B93	소급법·임시법(Retroactive law·Intertemporal law)
B94	법률일화(Popular accounts)
	「재판에 관한 이야기」등을 의미한다.
B95	법률학문헌출판(Legal publishing)
	「법률문안 작성법」을 포함한다.

C 국제법(International law)

「국제관계·외교관계」는 여기에서 분류한다.
「지리구분표」를 적용한다. 이 때에는 「C」가 기본번호가 된다.
예) 미국과 독일의 외교관계 C.72.14
국제법범주 내에서의 주제별 국제관계법(…조약, …협정 등)은
국제법의 개별법에 해당하는 분류기호를 기본번호로 한 다음
지리구분기호와 조합하는 방식을 원법으로 한다.
예) 한일합병조약   합병＋조약＋한국＋일본
                    c2301.38.39 → 원법
                    합병＋한국＋일본＋조약
                    C23,38.3901 → 별법

C1	국제법의 法源(Sources of international law)
	여기서는 이론·해설문헌만 분류하고 법형식 그 자체는 보조표 를 이용한다.
C11	조약(Treaties)의 명칭, 영식, 체결. 유보. 변경, 확인. 연장, 경신, 부활, 소멸
C12	국제관습법(International customary law)
C13	판례(Case)
	판례일반→ B53
C14	일반원칙(General principles of law)
C15	국제법규(International regulations)
C16	국제예양(International courtesy)
C2	국가(The Nation)
C21	승인(Approval)
	국가의 승인, 정부의 승인(국가원수승인포함), 교전단체의 승인 등을 포함한다.
C22	종류(Kinds)
	주권국(독립국). 종속국(식민지 등), 피보호국, 국가연합(일시적 조직), 연합국가, 동군연합, 영연방. 영세중립국, 바티칸시국 등 을 포함한다.
C23	소멸(Extinction)
	합병, 병합, 분열, 분할 등을 포함한다.
C24	권리(Rights)
	주권, 평등권, 교통권. 명예권, 자위권 등을 포함한다.
C25	의무 Duties(Responsibilities)

	내정불간섭, 불침략의무 등을 포함한다.
C3	국제관할(International territory)
C31-34	공간(Physical entity)
C31	국가영역(National domain)
C311	영토(National territory)
C312	영수(Bodies of water)

내수(하천, 운하, 내해, 내항. 만), 영해(해협, 대륙붕, 접속수역, 경제수역) 등을 포함한다.

C313	영공(Territorial airspace)
C314	국경지역(Frontiers)

비무장지역을 포함한다.

C32	公海(High seas)

항해, 상공비행, 자원보호(어업, 오염, 심해저개발), 해상충돌 등을 포함한다.

C33	해양법(Maritime law)

해양법은 공간 중 해양과 관련된 항목들을 한데 모은 것을 의미한다.

C34	우주공간(우주법) Outer space
C35	사람(공민권) Human rights

국제적 보호, 소수민족, 난민, 노예, 기타 비정상인 등을 포함한다.
국적법, 재외법, 외인법 등은 「저촉법관련법」 하에서 분류한다.
그리고 국가영역 내에서의 외국선박, 외국항공기의 주둔에 관한 것도 「외인법」에 포함시킨다.

C4	
C41	국제교섭상의 국가기관(Diplomacy)
	외교사절(Diplomats)
C42	대사, 공사, 대리공사, 기타 구성원 등을 포함한다.
	영사(Consuls)
C43	총영사, 영사, 부영사, 기타 구성원 등을 포함한다.
C44	주유(주둔)군대 Stationary troops
C5	치외법권(Privileges, Immunities)
C51	국제분쟁(International disputes)
	평화적해결(Peaceful settlement)

국제사법재판, 국제중재재판, 국제조정(국제연합, 국제조정위원회), 명화관련법(명화·강화조약, 군비축소: 핵무기등) 등을 포

C52-54	함한다.
C52	강제적해결(settlement by legal force)
	보복(Retaliation)
C53	정치적제재. 경제적제재 등을 포함한다.
C531	전쟁(War)

	방법(Methods)
	선언, 최후통첩, 적대행위 등을 포함한다.
C532	효과(외교관계 등) Effect
C533	종류 Kinds
	육전, 해전, 공전 등을 포함한다.
C534	포로(Prisonal of war)
C535	점령, 봉쇄(Military occupation, seal off)
C536	중립(Neutrality)

전쟁에 참가하지 않은 국가의 전쟁에 대한 국제법상의 지위를 그 내용으로 하며 「국가종류」의 「중세중립국」하고는 그 개념이 다르다.

C537　전쟁법규위반에 대한 제재(Sanction against violation of war law)
　　　　전범재판 국제조직에 의한 제재 등을 포함한다.

C538　전쟁종료(War termination)
　　　　항복, 휴전 등을 포함한다.

C539　전쟁원화수단(War relief)
　　　　제네바협정, 적십자 등을 포함한다.

C54　　집단 안전보장(Collective Security)
　　　　일반적 집단안전보장, 지역적 집단안전보장 등을 포함한다.

C6　　국제조직(International organizations)
　　　　국제회의를 포함한다.

C61　　일반적 국제조직(General international organizations)
　　　　국제연합. 국제연맹. ASEAN, CENTO, OAS 등을 포함한다.
　　　　EU는 연방국가로 간주하여 국내법에서 분류한다.

C62　　전문적 국제조직(Special international organizations)
　　　　국제연합의 각 전문기구, NATO, SEATO, WTO, AIEA, OECD, APEC, OPEC. ILO 등을 포함한다.
　　　　전문적 국제기구는 「C-V」와 같이 주제구분할 수도 있다.
　　　　예) 국제사판재판소　　C62C51. INTERPOL C62M2

C7　　전문영역별 국제법(Special subjects of international law)
　　　　국내법영역(D-V)과 같이 세분한다.
　　　　예) 국제노동법　C7k1, 국제노동판례집　C7K103. 국제노동법 해설　C7K105
　　　　국내법의 제 영역에 해당하는 국제법의 국제관계는 「전문영역별 국제법」의 분류기호를 기본기호로 한 다음 국내법의 제 영역에 해당하는 분류기호를 첨가하는 방식을 취한다.

　　　　예) 한미행정협정 전문영역별 국제법＋행정법＋협정＋한국＋미국
　　　　　　　　　C7F01.38.72→원법
　　　　　　　　전문영역별국제법＋행정법＋한국＋미국＋협정

C7F.38.7201→별법

여기서는 현재 국제법으로서 비교적 활발한 법들을 열거한다. 해사·항공, 통상법(무역 등 국제거래법), 차관·원조법, 상사중 재법, 통산매매법, 공업소유권법, 저작권법, 노동법, 환경법, 원 자력법, 국제법죄(하이재킹, 국제케러, 마약, 대량살상, 범죄인 인도 등)

C8   저촉법(Conflict of Law)

섭외사법(Private international law)은 여기서 분류하고 준섭외사 법은 DDC처럼 국내법에서 취급한다. 필요 시「지리구분표」를 적 용하고 또한 국내법 영역(D-V}과 같이 세분한다.

예) 미국의 저촉법 C8.72 미국의 국제형법(저촉법) C8.72V

C81   저촉법의 세계적 통일(Uniform conflict law). 조정·조화(Arbitrati on), 실정법의 선택(Choice of law)

C82-84   국내법(저촉법의 법원) National law as the sources of conflict of law)

C82   국적법(Nationality·Citizenship)

국적법은 국내법의「헌법·국가법」하에서 분류할 수도 있다.

C821   취득(Acquisition)

출생, 귀화(망명, 귀순, 이민등), 결혼, 입양, 북적, 국가영역 의 변경 등을 포함한다.

C822   상실(Loss)

이탈 박탈 등을 포함한다.

C823   이중국적(Dual nationality)

C824   무국적(Statelessness)

C83   외인법(Aliens)

외국인투자법, 합영법은 국내법의「경제·산업법」하에서 분 류할 수도 있다 외국선박· 외국항공기, 외국인투자법, 합영 법. 난민 등도 포함한다.

C831   출입국(Entrance to and exit from national domain)

C832   지위(Status)

C833   재산(Property)

C84   재외법(Law about citizens dwelling in foreign)

형법, 민법, 소송법 등을 포함한다.

D   국내법의 기본번호(Base no.), 국내법일반(National law general)

*국내법의 기본번호(Base no.)

국내법에 있어서 특정국가나 지역에 국한된 법률학문헌은 다음 과 같은 조합방식을 취한다. 이 때 기본번호(Base no.)로는「D 」를 취하며, 형식구분기호를 부여할 필요가 없는 경우에도 반 드시 기본번호(D)와 지역구분기호를 앞세운다.

① 원법 기본번호+지역+형식구분+구제법

예) 영국인사소송판례집 D.1104U

한국형법전 D.3802V

1차법률정보(판례·법률 등)는 가급적 「원법」을 택한다.

② 별법: 「D-V]는 특정국가에 할당하고 다른 모든 나라들의 국내법들은 별도로 배정하는 방식이다.

그리고 「法院구분표」를 활용한 예는 다음과 같다. 이 때는 판례에 한정된다.

예) 미국 대법원판례집 D.7204.10

미국형법판례집 D.7204.40→원법, D.7204V-별법

*국내법일반(National law general)

「D1-D4)의 항목들도 특정지역이 국한된 것일 경우 개개 주제별 법과 같이 국내법의 기본번호(D)를 앞세우는 조합방식을 따른다.

예) 일본의 식민지법 D.39D2 일본의 한국에 대한 식민지법 D.39D2.38

D1	비상사태관련법(Emergency law)
	전시, 계엄, 혁명, 내란, 기타 긴급조치 등을 포함한다.
D2	식민지법(Colonies)
D3	보통법. 형평법(Commnon law, Equity law)
	이론 해설문헌을 분류한다.
D4	준섭외사법(Domestic conflict of law)
E	**헌법. 국가법(Constitutional law. National law)**
E1	헌법학일반(Constitution general)
	헌법전을 포함한다.
E2	국법학(국가학)일반 Theory of nation general
E3	주권·국체·정체(Sovereignty·National polity·Government system)
E4	국민의 권리·의무·자유(Rights, duties, freedom of citizens)
E5	통치구조(Structure of government)
	국왕, 입법, 사법, 행정을 포함한다.
E6	연방주의(Fedralizm)
	왕실법을 포함한다.
E7	지방정부(Local government)
E8	정당·선거법(Political review system)
E9	헌법법률심사제도(Judical review system)
F	**행정법(Administrative law)**
	여기서는 일반적 원리만을 다룬 기본법을 분류한다.
	예) 미국행정법전 D.7202F
F1	행정조직법(Law of administrative organization)
F2	행정작용법일반(Law of administrative action general)

	행정처분, 법률적 행정행위, 준법률적 행정행위를 포함한다.
F3	공무원법(Public officials law)
F4	행정절차(Administrative procedure)
	사법절차(행정소송), 군사법절차(행정심판), 행정구제(국가배상 등) 등을 포함한다.
F5	행정기관관통제(Control of administrative bodies)
	국민에 의한 통제, 국가에 의한 통제, 사회에 의한 통제 등을 포함한다.
F6	지방행정(Local administration)
	여기서는 중앙정부에서 마련한 지방행정에 관한 법규를 분류한다.

G	재정법 · 공공재산(Public finance, Public property)
G1	예산·지출(Budget·Expenditure)
G2	금융·통화·외환(Money·Currency·Foreign exchange)
G3	국가수입(Revenue law)
G31	조세(Taxation)
G32	관세(Tariffs)
G33	전매수익(Monopoly)
G34	수익사업(전매수익 제외) Beneficiary business
G4	공공부채(Public debt)
	국채, 지방채, 외채 등을 포함한다.
G5	공공재산(Public property)
G6	국고(National Treasury)
G7	공물(Public domain)
G71	영조물(Public institution)
	도로, 공원, 공공설비 및 건축물 등을 포함한다.
	여기서는 재산의 관점에서만 취급된다.
G72	천연자원(Natural resources)
	토지, 광산, 삼림, 수자원, 수산자원 등을 포함한다.
G8	공용징수(Compulsory acquisition expropriation), 공용부담 (Compulsory charge expropriation)

H	경제 · 산업법(Economic · Industrial law)
H1	경제활동법(Economic activity law)
H11	소비자보호법(Consumer protection law)
	가격 및 물가통제, 독과점·전매·부당경쟁방지 등을 포함한다.
H12	산업 합리화법(Industrial rationalization law)
	기업활동지원법을 포함한다.
H13	사회간접시설(Public utilities)
H14	공기업 · 국영농장(Public corporation, National farm)
	공이(공용)사업을 포함한다.

H15   대외경제관련법(Economic law related to foreign)
경제특별구법, 합영 · 합자법. 외국인투자법, 외자도입법, 외
국기술도입법, 차관 · 원조법, 재외자국인(화교 등) 자본기업
법 등을 포함한다.

H2   산업법일반(Industrial law general)
각종 협동조합은 해당산업에 분류한다. 다만 사회주의 국가법
체계에서는 협동조합을 노동법 하에서 분류한다. 개개 산업법
들은 상법 하에서 분류할 수도 있다

H3   1차산업(Primary industries)
농림 · 수산, 광업 · 에너지 · 수자원사업법 등을 포함한다.

H4   2차산업(Secondary industries)
제조 · 식품업, 긴설업 등을 포함한다.

H5   3차산업(Service)
H51   상업 · 무역(Commerce · Trade)
H52   금융(Finance)
은행, 증권회사, 신탁회사 등을 포함한다.

H53   보험(Insurance)
H54   교통 · 수송 · 창고 · 관광(Traffic · Transprtation · Warehousing ·
Sight-seeing)
H55   커뮤니케이션(Communications)
우편, 전파(통신 · 방송). 신문, 출판, 광고 등을 포함한다.

H6   전문업종(Profession)

J   무채재산법(지적소유권법) **Imtengihle property law, Intellectu-al property law**

J1   저작권(Copyright)
J2   공업소유권(산업재산권)일반(Industrial property general)
J3   발명권(Inventions)
특허권을 포함한다.

J4   상표(Trade marks)·상호권(Business names)
J5   디자인보호권(Design protect ion)
J6   발견권(Discoveries)

K   사회법(**Social law**)

K1   노동법(Labor law)
사회주의국가들은 협동조합과 사회보험을 여기서 분류한다.

K11   노동조합(Labor un ion)
K12   노동쟁의(Labor dispute)
K13   단체협약(Collective convention)
K14   노동계약(Labor contracts)
K15   노동집단(Labor groups)

K16	국가사회보험(National social insuarence)
K17	협동조합(Co-oporation union)
	집단농장(생산협동조합의 일종)은 「N: 집단생산주체」, 하에서 분류한다.
(K18)	노동형법(Labor criminal law)
	노동형법은 「V: 형법」 하에서 분류한다.
K19	개인노동행위(Individual labor action)
K2	사회보장(사회복지) Social security. Social welfare
K3	사회사업(Social service)
K4	사회보험(Social insurance)
	연금, 실업, 의료, 산업보험, 상호보험 등을 포함한다.
	사회주의국가들은 노동법 하에서 분류한다.
K5	기타 사회문제관련법(Other social problems)
	부인·청소년, 노인, 기아, 장애자, 부랑자 등을 포함한다.
K6-9	건강·위생(Public health·Sanitation)
K6	환경(Environment protection law)
	공해, 자연보호 등을 포함한다.
K7	의료(Medical law)
	수의를 포함한다.
K8	약(Drugs)
	음식, 알코올등을 포함한다.
K9	동물보호(Animal quarantine)
L	**교육·문화·기술법(Education · Culture · Technology law)**
L1	교육(Education law)
	공교육, 사회교육(산업교육, 직업교육 포함) 등을 포함한다.
L2	문화(Culture law)
	문학, 도시관, 박물관(유적·유물 포함). 종교(종교 활동에 관한 공법) 등을 포함한다.
L3	예술(Art law)
	미술, 음악, 연극, 영화 등을 포함한다.
L4	스포츠·오락(Sports·Amusements)
	복권, 도박, 임의경매 등을 포함한다.
L5	과학·기술(Science·Technology law)
	발명, 발견은 「J: 무채재산법」 하에서 분류한다.
M	**기타공법(Other public law)**
M1	국방(Military law)
	퇴역장병, 민방위(민병), 병무행정 등을 포함한다.
M2	공공질서행정(Public order administration)
	경찰, 공안, 소방, 방재, 위험물(무기등)취급, 출입국관리 등을

포함한다.

M9   기타(Others)
            외무행정, 보훈, 통계·기상 등을 포함한다.

N   집단생산주체(Collect ive product ion bodies)
            국영농장 등 국영기업은 「H14」에서 분류한다.

N1   집단농장(콜호즈등) Collective farm(Kolhoz)
N2   인민공사(Peoples commune)
N3   농업생산합자사(Agricultural production limited partnership)
N9   기타(Others)

P   민법 일반, 人法(Civil law general, Personal law)
P1   민법학(civil law general)
P2   자연인(Natural persons)
P3   법인 Corporation(Legal personality)
P4   가족법(Family law)
P5   혼인법(Marriage law)
P6   상속법(Succession law)
P7   기타 신분법(Other personal law)
            호적법 등을 포함한다.

Q   재산법(물권법. 소유권법) Property law(Real rights. Ownershi-p right)

01-3   재산주체(The main body of property)
Q1   토지(Land)
Q2   기타 부동산(Other real property)
Q3   동산(Personal property)

Q4-7   재산권행사방법(Use methods of property right)
Q4   소유권(The Right of ownership)
            소유주체에 따라 국가소유, 집단소유, 개인소유로 구분하기도 된다.
Q5   점유권(The Right of possession)
Q6   임차권(The Right of tenancy)
                지상권, 지역권, 전세권, 소작권 등을 포함한다.
Q7   담보물권(The Right of secured property)
                저당, 질권, 유치권 등을 포함한다.

R   채권법(채무법), 신탁법 Obligation, Trust
R1   계약(법률행위) Contracts
                대리, 조합, 권리능력, 방식, 청약과 승낙, 약인(約因), 사기와
                착오, 적법성, 해석, 이행과 이행조건, 목적불능과 이행불능, 채
                무소멸, 채권양수인의 권리 및 제3수익자, 권리구제방법 등을
                포함한다.
R2   준계약(준법률행위) Quasi contracts
                사무관리, 준사무관리 부당이득 등을 포함한다.

R3	불법행위(Torts)
R4	신탁법일반(Trust general)
R5	공익신탁(Common profit trust)
R6	사익신탁(Private profit trust)
S	**상법(Commercial law)**
S1	상법일반(Commercial law general)

상인, 대리상. 상사중재법, 상품판매, 투자 등을 포함한다.
상사중재법은 민사소송법 하에서도 분류할 수 있다.

S2	기업법(회사법) Corporations law
S21	회사의 종류(The Kinds of corporations)
S22	주식·사co(발행) Issue of stocks and debentures
S23	회사정리법(회사갱생법) Corporate reorganization law

민사소송법 하에서도 분류할 수 있다.

S24	기업협동(Corporations' union)
S25	영리조합(Profit-making league)
S26	기업권익보호단체(Business associations)
S3	상행위(Commercial transaction)

상거래·영업행위의 종류를 열거한다. 「경제·산업법」 하에 해
당 항목이 있으면 그 곳에서도 분류할 수 있다. 자본주의국가
는 가급적 「경제·산업법」보다는 여기에 분류하도록 한다.

S31	동산·부동산·유가증권·기타재산의 매매업(Sales for personal properties. Real properties, Securities. and others)

증권거래업, 무역업, 공탁·경매업 등을 포함한다.
증권거래업의 경우 여기서는 주식·채권의 거래만을 취급하
며 다른 대부분의 유가증권관련법은 「S4」에서 분류한다.

S32	대리, 임대차, 중개(Agency, Tenancy, Intermidiation)
S33	금융거래 Financial business(Banking business)

은행, 투자신탁, 무진(상호부금), 영리보험 등을 포함한다.

S34	에너지, 물공급(Energy, Water supply)
S35	커뮤니케이션(Communications)

통신, 정보, 광고. 신문, 출판, 인쇄, 촬영법 등을 포함한다.

S36	운송, 관광, 대중접객업. 창고업(Transportation. Sight-seeing, Entertainment business, Warehousing)
S37	도급(건설업등), 제조·가공·수선업 Contracting, Manufacture · Processing · Repair business
S38	해상법(해상기업법) Marine commercial law

해상운송, 해상보험. 선박채권, 선원, 선박 등을 포함한다.

S39	보조상행의(Auxiliary commercial transaction)

보험, 금융기관을 통한 자금조달 등을 의미한다.

S4	유가(유통)증권법 Negotiable(Valuable) instrument law

S41	금전증권(어음, 수표) Money instrument(Bill, Check)
S42	물권증권(Real rights instrument)
	상품권, 화물상환증, 선하증권, 저당증귀, 토지채권증권, 담보 증권 등을 포함한다.
T	**사법제도·재판법일반(Judical system·Judical law general)**
T1	재판법일반(Judical law general)
T11	법의학(Forensic medicine)
T12	재판증거주의(Evidence)
T13	법률구조(Legal aid)
T14	인권옹호(Defending human rights)
T2	법원(Courts)
T21	종류(Kinds)
T22	조직(Organization)
T23	구성원(Members)
	배심원을 포함한다
T24	사법행정(Judical administration)
T3	법조인(Legal profession)
	종류, 양성(검찰 및 사법경찰 등을 포함한다.
U	**민사소송법(Civil procedure law)**
U1	소송절차(Suit proceedings)
U11	1심(Primary trial)
U12	상소심(Appeal)
U13	재심(Retrial)
U2	강제집행(Compulsory execution)
U21	파산법(회사갱생, 회사정리법 포함) Bankruptcy(Including Corporate reorganization law)
	회사갱생, 회사정리법은 상법 하에서도 분류할 수 있다.
U22	배상(Reparation)
U23	화의(Ausgleich)
U24	강제경매(Forced sale by auction)
	공탁(Deposit)
U24	변제공탁, 담보공탁, 보관공탁 등을 포함한다.
U3	민사조정·중재법(상사중재포함) Civil arbitration law(Including Bussiness arbitration law)
	상사중재법은 필요하다면 「상법일반」에서도 분리할 수 있다.
U4	인사소송법(Personnel suit law)
	가사심판법. 인사조정법을 포함한다.
U5	비송사건철차(Non-suit case procedure)
	형사사건을 포함한다

V	형법 · 형사소송법(**Criminal law · Criminal procedure**)
V1	형사학(형사정책)일반 Criminalogy(Criminal policy) general
V11	죄형법정주의(Principle of legality)
V12	피해자학(Victims)
	형사보상, 인신보호 등을 포함한다.
V13	석방자보호제도(After-care system)
	사법보호. 법죄재발방지대책 등을 포함한다.
V2	범죄학(Criminalistics)
V21	범죄예방학(Crime prevention)
	빔죄동기를 포함한다.
V22	범죄행위론(Criminal offense)
	고의범, 과실범, 미수, 공법 등을 포함한다.
V23	범죄유형(Classification of crimes)
V231	인명피해죄(Offence against the person)
V232	재산(사유재산, 공공재산)에 관한 범죄 Offences against property
V233	국가에 대안 범죄 (예: 반혁명죄) Offences against the state
V234	공공질서 위반죄(Offences against public order)
V235	재판 관련 범죄(Offences against justice)
V24	범죄수사학(Criminal investigation)
	감식, 혼적, 검증 등을 포함한다.
V25	범죄 인류학(Criminal anthropology)
V26	범죄 심리학(Criminal psychology)
V27	범죄 정신병학(Criminal psychopathy)
V28	범죄 사회학(Criminal sociology)
V29	범죄 생물학(Criminal biology)
V3	형벌학(Punishment)
V31	형벌의 종류(kinds of punishment)
V32	보안처분(Prevent ive measures)
	교정(노동교정 등) 교육, 보호 등을 포함한다.
V33	형의시효(Punishment prescription)
	집행유예, 사면 감형 · 복권, 가석방 등을 포함한다.
V4	행형학(Penology)
	형무소법을 포함한다.
V5	특별형법(Special criminal law)
V51	소년형법(Juvenile criminal law)
V52	군형법(Military criminal law)
V53	경제형법(식품위생법 등) Economic Criminal law
V54	산업형법(Industrial criminal law)
V55	행쟁형법(Administrative criminal law)

선거, 조세, 도로교통법 등을 포함한다.

V56	노동형법(Labor criminal law)
V57	국가보안법(National security law)
V59	기타 특별형법(Other special criminal law)
V6	형사소송법(Criminal procedure)
V61	소송절차(Suit proceedings)
V611	제1심 공판절차 및 재판(Primary trial)
V612	상고심절차(Appeal)
V613	비상구제(Uncommon relief)

재심, 비상상고 등을 포함한다.

V62   수사 및 공소(Criminal investigation and arraignment)

V24에 이론문헌을, 여기서는 실정법을 분류한다.

V621   강제집행(Compulsory execution)

소환, 구속, 압수, 수석, 고문, 자백 등을 포함한다.

V622   고소·고발(Plaint·Denunciation)

註 1) 자국의 법률학문헌 위주의 도서관에 있어서 자국의 법률학문헌을 「D-V」에 분류하고자 할 경우 외국의 법률학문헌은 국가구분을 사용한다. 지역구분과 주제 중 어느 것을 앞세우느냐 하는 문제는 개개 도서관사정에 따르도록 한다.

註 2) 법률학 외의 주제문헌(Non-legal subjects)에 대해서는 DDC 등을 비롯하여 한 일반분류법을 채용한다.

《중앙대학교. 1996. 6 박사학위논문》

• 鄭馹謨敎授指導 博士學位 論文 11 •

法律學分野의 文獻分類法 研究

◎ 초판인쇄	2005년 1월 10일
◎ 초판발행	2005년 1월 15일
◎ 지 은 이	김자후
◎ 펴 낸 이	채종준
◎ 펴 낸 곳	한국학술정보(주)
	경기도 파주시 교하읍 문발리 파주출판정보산업단지 526-2
	전화 031) 908-3181(대표)·팩스 031) 908-3189
	홈페이지 http://www.kstudy.com
	e-mail (e-Book 사업부) ebook@kstudy.com
◎ 등 록	제일산-115호(2000. 6. 19)
◎ 가 격	9,000원

ISBN　89-534-2222-1　94020　(Paper book)
　　　　89-534-2223-X　98020　(e-book)
　　　　89-534-2200-0　94020　(Paper set)
　　　　89-534-2201-9　98020　(e-book set)